华东师范大学电竞产业发展研究中心　组编
E-sports Industrial Development Research Center

电子竞技用户消费行为

主　编◎王永刚

副主编◎侯华尧

ELECTRON
PORTS

华东师范大学出版社
·上海·

图书在版编目(CIP)数据

电子竞技用户消费行为/王永刚主编. —上海:华东师
范大学出版社,2023
ISBN 978 - 7 - 5760 - 4589 - 5

Ⅰ.①电… Ⅱ.①王… Ⅲ.①电子游戏-运动竞赛-
消费者行为论 Ⅳ.①G898.3

中国国家版本馆 CIP 数据核字(2023)第 247099 号

电子竞技用户消费行为

主　　编　王永刚
责任编辑　皮瑞光
特约审读　丁挚恩
责任校对　李兴福　　时东明
装帧设计　俞　越

出版发行　华东师范大学出版社
社　　址　上海市中山北路 3663 号　邮编 200062
网　　址　www.ecnupress.com.cn
电　　话　021 - 60821666　行政传真 021 - 62572105
客服电话　021 - 62865537　门市(邮购)电话 021 - 62869887
地　　址　上海市中山北路 3663 号华东师范大学校内先锋路口
网　　店　http://hdsdcbs.tmall.com

印 刷 者　上海昌鑫龙印务有限公司
开　　本　787 毫米×1092 毫米　1/16
印　　张　7.75
字　　数　164 千字
版　　次　2024 年 3 月第 1 版
印　　次　2024 年 3 月第 1 次
书　　号　ISBN 978 - 7 - 5760 - 4589 - 5
定　　价　36.00 元

出 版 人　王　焰

前　言
PREFACE

　　党的二十大报告指出"促进群众体育和竞技体育全面发展"，深刻阐明了中国建设体育强国的战略目标，就是要全面发展，不仅群众体育、竞技体育，还有体育产业、体育文化等都要发展，才能实现体育强国的战略目标。

　　20世纪后期，电子游戏的出现改变了人类进行游戏的行为方式和对游戏一词的定义。电子游戏以电子设备为载体，大致包括主机游戏、掌机游戏、街机游戏、电脑游戏和手机游戏等。本书所涉及的"电子竞技"，就是指一部分电子游戏比赛达到"竞技"层面的体育项目。电子竞技就是利用电子设备作为运动器械进行的、人与人之间的智力和体力结合的比拼。通过电子竞技，可以锻炼和提高参与者的思维能力、反应能力、四肢协调能力和意志力，培养团队精神，并且职业电竞对体力也有较高要求。电子竞技也是一种职业，和棋艺等非电子游戏比赛类似。2003年11月，国家体育总局正式批准，将电子竞技列为第99个正式体育竞赛项目。2008年，国家体育总局将电子竞技改批为第78号正式体育竞赛项目。同年，雅加达亚运会将电子竞技纳为表演项目。2020年12月，亚奥理事会宣布电子竞技项目成为亚运会正式比赛项目。

　　电子竞技用户（亦称玩家），是指电子竞技产品的体验者、使用者、评价者和消费者。他们一般分为职业玩家和普通玩家两大类：前者指的是有资格参加电子竞技比赛的职业选手，一般隶属于某家俱乐部；后者是指以娱乐为主要目的、利用闲暇时间参与电子竞技活动的大众人士，依据兴趣、投入程度又可以分成休闲玩家（casual player）、核心玩家（core player）、硬核玩家（hardcore player）等。了解电子竞技用户的消费行为，对于电子竞技产业的健康、持续发展意义重大。本书分为2个模块，共6个项目，涵盖电子竞技用户的消费决策、电子用户画像、电子竞技各类消费行为分析（游戏消费、赛事消费和衍生消费）、市场实践与发展趋势等内容。

　　本人在2015年因与中国国际动漫游戏博览会（CCG EXPO）主办方的一次项目合作，开始接触"二次元"世界，进而粗浅了解电子游戏与电子竞技。在本书编撰过程中，也算尽职尽责，尽可能多地采访了诸多电子竞技相关资深人士、俱乐部和企业，希望能够真正触及电子竞技的核心与本质，结合经典的消费者行为理论，将有质量的内容呈现给广大读者，也为中国电子竞技人才培养贡献绵薄之力。

　　本书的副主编侯华尧，亦来自复旦大学，身高两米零八，是一名排球健将。他对电子竞技及产业运行有着深刻的见解，为本书的面世也作出了重大的贡献。但是我们面对的是一个新兴且快速发育的"赛道"，虽想臻于郅治，但却力所不逮，书中一定存在欠妥之处，恳请各位业界同仁提出宝贵意见与建议。

在本书付梓之时，谨向大力提供支持的各位同仁致以最诚挚的谢意，包括但不限于树栋（上海炫动汇展文化传播有限公司）、唐金山（苏州叠纸科技网络有限公司）、Tuotuo（OMG 电子竞技俱乐部）、欧波涛（明日世界（上海）教育科技有限公司）、赵雯慧（华东师范大学）等。

王永刚

2023 年 10 月 18 日

目 录
CONTENTS

模块一 电竞消费行为
理论图式

项目1
消费行为概述

知识目标

（1）了解消费者行为相关概念。

（2）了解消费者的决策过程。

（3）了解电竞消费者的决策过程。

开篇案例

　　小天是一个忠实的电竞迷，每天的空闲时间，他都要玩几局英雄联盟。最近英雄联盟职业联赛（LPL，League of Legends Pro League）的常规赛开始了，小天每天都会看直播，为自己喜欢的战队加油。小天发现自己支持的战队明星选手最近都在使用新英雄大杀四方，于是他也购买了相同的英雄在游戏里一次次地使用着。某天，当小天登录游戏时，游戏客户端内弹出了他支持的战队获得常规赛第一的新闻，同时推送的还有他购买的新英雄的皮肤折扣消息。小天看了看皮肤折扣，犹豫着是否要买，他决定去论坛看一看大家对新皮肤的评价。打开论坛，有不少帖子都在讨论新皮肤。小天快速浏览了一遍，发现这些帖子都是吐槽新皮肤敷衍了事、坑钱，他默默地关闭了浏览器，放下了购买皮肤的念头。

　　很快，小天支持的战队在季后赛获得了冠军，官方也推出了纪念皮肤。小天非常开心。尽管这次的纪念皮肤质量并没有比普通皮肤提升太多，价格却翻了一倍，但小天仍然决定买下这些皮肤。完成购买后，小天发现，客户端赠送给他一些折扣券，可以继续购买一些指定道具。尽管有些道具他并不是很需要，但是赠送的折扣券是有时限的，而且这次的折扣力度很大。小天犹豫了许久，想到自己反正已经花了一大笔钱充值，再花一点"小钱"购买这些便宜的道具也没关系，于是他决定，这次充值了一大笔钱，之后一个月就不在游戏中充值了。想到这里，小天买下了打折的道具。

　　然而没过几天，小天最喜欢的英雄推出了一款非常优质的新皮肤，而且价格不菲，下定决心这个月不充值的小天又犯了难……

○　任务1.1　消费者行为

任务目标

（1）了解消费者行为的定义。

（2）理解消费者行为的活动。

（3）掌握消费者行为的准则。

任务描述

消费者行为是什么？完整的消费行为又是由哪些行为组成的？在不同的消费者行为中是否存在共性的准则？对本任务的学习会带领大家了解初步消费者行为，并回答这三个问题。

一 消费者行为学概述

消费者行为(consumer behavior)是人们在获取、消费以及处置产品和服务时所采取的活动。如果商家知道了人们为什么购买某种特定的产品或服务，就能很轻易地制定影响消费者的市场营销战略。消费者行为学研究的正是"人们为什么要购买"的问题。随着研究的深入，研究人员和实践人员已经开始关注消费分析(consumption analysis)，即除了为什么和如何购买以外，还关注为什么和如何使用产品。消费分析是一个比消费者行为更广的概念，它涉及购买过程之后所出现的问题，这些问题常常影响人们如何购买以及他们从购买中获得的满足感。

消费者行为的定义涉及三种消费者的主要活动——获取、消费和处置。

获取(obtaining)是指导致购买或接收产品的活动。其中涉及搜寻有关产品的特色和选择的信息、评估可供选择的产品或品牌以及购买等活动。

消费(consuming)是指消费者在什么时间、在什么地点、用什么方法和在什么情况下使用产品。

处置(disposing)是指消费者如何处理产品及其包装。

图1-1-1描述了以上三种行为，同时也列举了影响消费者行为过程的主要因素。

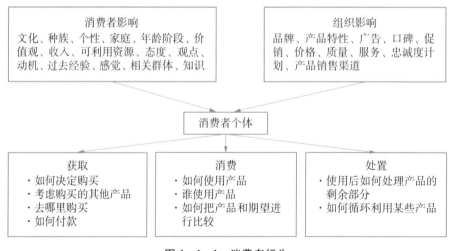

图1-1-1　消费者行为

二　消费者行为的基本准则

（一）消费者是上帝

彼得·德鲁克曾说："我们可以把商业目的正确地定义为——创造消费者。"一般来说，消费者行为都有其目的性，在很大程度上，消费者接受或者拒绝产品或服务，取决于这些产品或服务是否与其需求和生活方式相关。对于一个企业或组织来说，改变其营销方案来适应消费者的偏好要比期待消费者改变他们的偏好容易得多。任何企业或组织都要学会接受消费者的支配，游戏与电竞行业也不例外。

（二）消费者具有全球性

随着互联网在世界范围内的飞速发展，任何企业必须了解到，消费者可以通过网络搜索满足其消费需求的产品或服务，并且其选择范围也是全球性的。随着消费者日益全球化，其消费行为也日趋相似。在电竞消费者中间，这一特点尤为明显，因为电竞消费者接触的绝大多数产品与服务都以互联网提供的虚拟服务的形式呈现。

（三）消费者既有差异性又有相似性

无论他们的职业、身份是什么，商家总是寻找有相同的需求和基本行为的人群。商家通过市场细分（market segments）深入理解消费者群体。消费者分析人员既关注消费者在同一群体内的相似性，同时也确定群体间的差异性。

（四）消费者拥有权利

消费者的需求是真实存在的，体现在消费者的购买取舍中。每年都有成千上万的广告提醒消费者他们还缺少什么商品和服务，然而有些时候，商家会采用欺骗和操纵的行为。当商品和服务的提供商的行为与社会规范背道而驰时，就会面对消费者日趋强烈的抗议。

　　一般的产品消费，可以分为实体类型产品（如手机、游戏机、电脑）的消费和非实体类型产品（如游戏、旅游、电影）的消费，请分别在不同类别中各选出一种产品的消费经历，将整个消费过程分解成获取、消费、处置三个阶段，并结合本任务所学知识展开讨论。

任务 1.2　消费者决策过程

任务目标

（1）了解消费者决策过程模型。

（2）掌握消费者决策模型七个阶段的内容。

（3）了解衡量消费者消费过程的指标。

任务描述

对消费者行为有了初步了解后，我们需要进一步剖析消费者完成一次消费行为的全过程，本任务将会通过介绍消费者决策过程模型，带大家了解一次消费的完整过程。同时，介绍分析消费过程需要涉及的多种指标。

一　消费者决策过程模型

图 1-1-2 是消费者决策过程模型（CDP Model，Consumer Decision Process Model）。这一模型以框图的形式勾勒出购买决策过程中所发生的一系列行为。如模型所示，当消费者进行决策的时候，一般会经历七个阶段：需求认知、信息搜寻、购买前方案评估、购买、消费、消费后评价以及处置。其中，需求认知如图 1-1-3 所示。

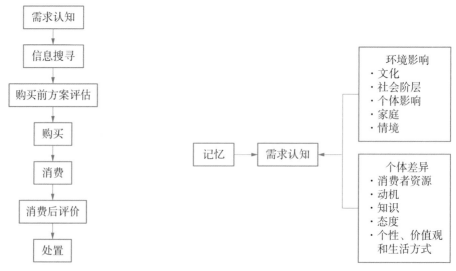

图 1-1-2　消费者的决策过程模型　　　　图 1-1-3　需求认知

（一）第一阶段：需求认知

消费者进行任何购买决策，都是因为有需求或问题存在。当个体感觉到理想与现实存在差异时,就会产生需求认知(need recognition)。只有当消费者认为一件商品能解决某一问题,并且其所带来的价值超过购买所付出的成本时,消费者才会购买。所以,确定潜在的需求认知是产品销售的第一步。

除了需求之外,消费者还有欲望。但是在现实中,商家必须对约束欲望的条件进行非常仔细的分析研究。例如,消费者购买的能力和购买的权限等。当商家设法满足消费者的欲望时,他们还必须将产品的成本维持在目标客户的支付能力之内。而在虚拟的网络世界中,尤其是在电子游戏中,大量的服务与产品满足的并不是消费者的需求,而是欲望,比如虚荣心、好胜心、攀比心理等,这是电竞消费与传统消费的一大区别。

(二) 第二阶段:信息搜寻

一旦确认了需求,为了满足其所要达到的需求,消费者就会开始搜寻信息和制定解决方案。如图 1-1-4 所示,这一搜寻既可以在内部进行,即从记忆或者遗传倾向中提取信息;也可以在外部进行,即从同伴、家庭成员和市场中索取信息。有时消费者只是被动地接收身边的信息,有时则会主动地搜寻信息。电竞消费者在信息搜寻的过程中,最大的信息获取渠道就是网络,这是电竞消费品自身的属性决定的。那些直接针对某种需求的信息,可能会促使消费者购买那些获取信息之前没有意识到的产品,但也可能会使没有这一需求的消费者感到麻烦或避而远之。

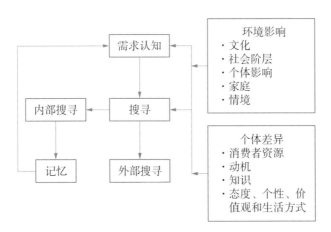

图 1-1-4 信息搜寻

(三) 第三阶段:购买前方案评估

消费者购买决策过程的第三个阶段是评估在信息搜寻过程中所确定的备选方案,如图 1-1-5 所示。消费者使用记忆中新的或原来的评估标准来选择在购买和消费过程中最有可能令其满意的商品、服务、品牌。不同的消费者有不同的评估标准,用来评价不同产品和品牌的标准与规范。如何作出评估则受到个体差异和环境因素的影响。因此,评估标准是消费者个人的需求、价值观、生活方式在具体产品上的一种体现。

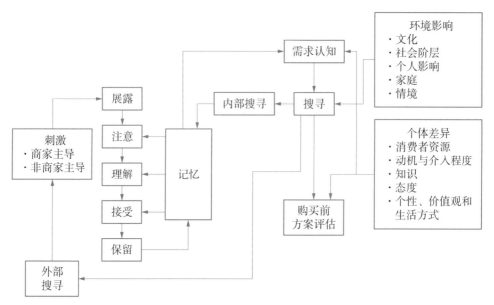

图 1-1-5　备选方案评估

(四) 第四阶段:购买

消费者购买决策过程的第四阶段是购买(见图 1-1-6)。消费者可能会依照计划完成决策过程的前面各个阶段来购买某一特定商品或品牌,但有时由于在购买或选择阶段发生的一些情况,消费者会购买一些与起初的意向相差甚远的商品或最终决定不买任何商品。

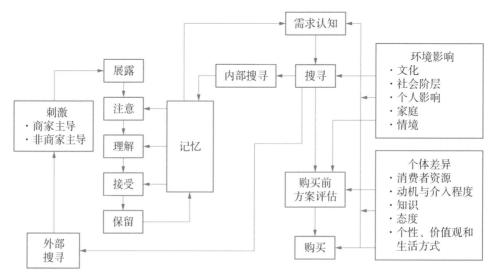

图 1-1-6　购买

(五) 第五阶段:消费

消费者在购买了商品后就拥有其所有权,于是消费就开始了。既可能在购买商品后立即开始消费,也可能会延迟消费。

(六) 第六阶段:消费后评价

消费者决策的第六阶段是消费后评价,在这一阶段中,消费者也许感到满意,也许恰恰相反。当消费者感知的性能和期望一致时,他们就会感到满意;反之,当消费体验和感知的性能达不到期望水平时,消费者便会感到不满意。这一结果通常是十分重要的,因为消费者会把其对产品的评价存储在记忆中,在将来做购买决策时会参考这些评价。如果消费者对购买的产品非常满意,那么下一次的购买决策就会变得很简单。图1-1-7包括了消费和消费后评价阶段。

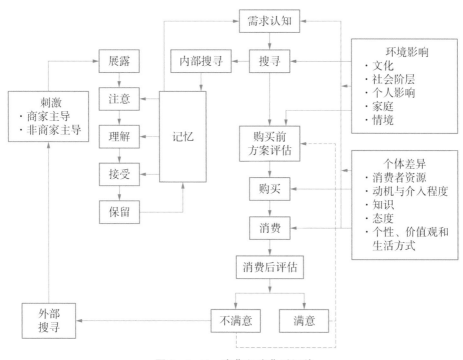

图 1-1-7 消费和消费后评价

(七) 第七阶段:处置

如图1-1-8所示,处置是消费者决策模型的最后一个阶段。对于消费后处置,消费者有多种选择,例如直接丢弃、循环利用或转售给他人等。

二 术语列表

以上介绍的消费者决策过程模型,从消费者的角度出发,向大家介绍了完整的消费者决策过程。那么,在实际的工作中,要如何了解与把握消费者决策过程的各个环节呢? 其实,这是可以通过许多不同的指标来衡量的,表1-1-1就是一些常用的指标与术语。

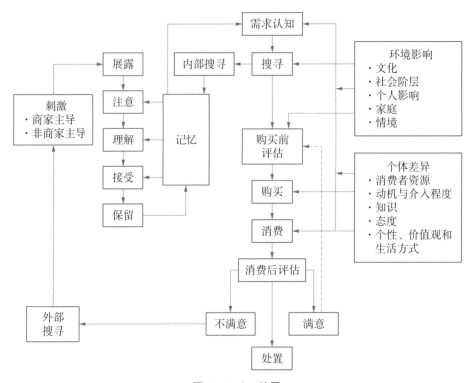

图 1-1-8 处置

表 1-1-1 消费者决策过程衡量指标

英文缩写	英文解释	中文解释
ACU	Average Concurrent Users	平均同时在线玩家人数
AU	Active User	活跃用户
APA	Active Payment Account	活跃付费账号
ARPU	Average Revenue Per User	每用户平均收入
ARPPU	Average Revenue Per Paying User	每付费用户平均收益
AccRU	Accumulated Registered Users	累积注册用户
AccAU	Accumulated Active Users	累积活跃用户
AccPU	Accumulated Pay Users	累积付费用户
CCU	Concurrent User	同时在线人数
CAC	Customer Acquisition Cost	用户获取成本
DAU	Daily Active User	日活跃用户数量
MAU	Monthly Active User	月活跃用户数量
PCU	Peak Concurrent Users	最高同时在线玩家人数
PU	Pay User	付费用户

续 表

英文缩写	英文解释	中文解释
PUR	Pay Users Rate	付费渗透率
RU	Registered User	注册用户
PCU	Peak Concurrent User	最高同时上线人数
LTV	Life Time Value	生命周期价值
ROI	Return On Investment	投资回报率

实战训练

针对上一个任务中你选取的实体类型产品和非实体类型产品,结合本任务所学知识,分析你的消费过程,推导出商家是如何促使你进行消费的。

任务 1.3 电竞消费者消费决策过程

任务目标

(1)掌握电竞消费者的消费决策框架。

(2)了解电竞消费者消费决策中的信息来源和信息搜集类型。

(3)描述电竞消费者个体的选择类型、评价标准、决策规则。

任务描述

在消费者的决策中,如何搜集信息、评价商品是非常重要的,它们直接影响到消费者是否会进入消费阶段,本任务会向大家介绍一些决策认知模型、信息搜集框架类型、电竞消费者的评价标准,为之后的学习打下基础。

一 电竞消费者的决策框架认知

一般而言,电竞消费者的决策框架主要依据心理或物理上的介质之间影响的传导而建立,如受到某些因素的刺激—引致内心变化—形成动机—评估商品—做出选择—购后反应。决策框架不仅可以基于整个决策过程,还可以集中于某一段决策过程而建立。

图 1 - 1 - 9 电竞消费者决策框架

图 1 - 1 - 9 是基于图 1 - 1 - 2 的前三步而建立的消费者决策框架。可以依据该框架对电竞消费者的消费决策过程进行理解和进一步阐释,最后应用于实践。大多数购买决策都是合理的行动。因此,购买决策过程中的意图是指有意识的意图,并且可以将动机视为购买决策的直接决定因素。发现动机的方法是研究使人们达到逻辑决策的因素。基于营销理论,引导消费者在复杂的商业环境中做出购买决策的关键刺激因素是价格、质量、产品品牌、广告、朋友或家庭的推荐,以及消费者之前的购买体验。消费者的个性特征决定了这些外部刺激如何影响他们。阿耶兹将人格定义为个体的特征,对广泛的特质相关反应产生普遍影响。在此基础上,消费者购买动机模型由三部分组成:外部刺激,人格特质和动机。

二 消费者决策形态模型(Consumer Style Inventory, CSI)

消费者决策形态模型是公认较为有效的一项测度工具,其基本假设是消费者以某种基本决策风格进入市场,而这些决策风格可以通过消费者决策形态模型(CSI)来衡量。美国学者斯普洛尔斯在 1985 年设计了包括 50 个问句的问卷用以测量多维消费者决策型态。1986年斯普洛尔斯和肯达尔合作简化了问卷,形成 40 个问句的消费者决策类型问卷(Consumer Style Inventory, CSI),共包含 8 类消费者决策型态:完美主义型、品牌认知型、新潮时尚型、休闲娱乐型、经济实惠型、粗心冲动型、困惑不决型和忠诚习惯型。此后,CSI 先后在新西兰、韩国、英国、中国大陆、德国、中国台湾、希腊和印度等国家或地区进行跨文化研究,以检验和比较其跨文化可推论性,CSI 被认为是预测不同消费者决策模式的有力工具。

- 完美主义型:消费者总是寻找最优质的产品。
- 品牌认知型:关注获得知名品牌和最昂贵品牌的消费者。
- 新潮时尚型:寻求新事物,喜欢新产品和创新产品的消费者。
- 休闲娱乐型:消费者在购物时感到愉快和有趣。
- 经济实惠型:关注降低价格的消费者的决策风格。
- 粗心冲动型:轻率而快速购买产品的消费者。

- 困惑不决型:对于很多品牌容易混淆的消费者。
- 忠诚习惯型:在同一商店购物并且每次都倾向于购买相同品牌的消费者的决策风格。

三 电竞消费者的信息搜集类型认知

图 1-1-10 显示了信息搜集与决策的关系。

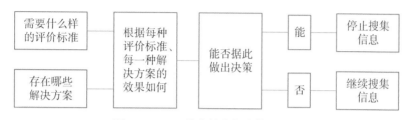

图 1-1-10 信息搜集与决策的关系

(一)信息来源

消费者可能在主动或被动的情况下了解到商品相关信息。被动情况下的渠道有许多,例如电视频道中的影像广告、巴士和出租车上的图片广告、商场中的立体陈设和营销活动、手机软件中的弹出广告、朋友的推荐、微博博主的推荐、赠品试用等(见图 1-1-11)。

主动地了解商品信息,渠道的选择在很大程度上与消费者个人的偏好有关。例如,搜索引擎百度、雅虎、必应、谷歌等;社交媒体有微博、抖音、微信等;另外还有直接与消费相关的信息网站,如小红书、大众点评、猫途鹰等;以及购物网站,如淘宝、百度糯米、大麦、蒸汽(Steam)等。

图 1-1-11 信息来源渠道

实际上消费者主动地搜索商品信息,可能存在多种切入点。首先是商品的使用场景,如野营、滑雪、宾馆、餐厅、开学、旅行、海滩、儿童节、派对等。其次是商品的品牌,如腾讯、蒸汽(Steam)、宝洁、宜家、古驰、索尼、耐克等。第三是商品的类型,如电竞椅、鼠标垫、键盘、消噪耳机、烘干机、眼镜等。第四是商品的关联者,如某人同款、赛事独家授权、某人签名、某人曾使用等。

在初步对有关商品进行了解和筛选后,部分消费者可能会对几种相似购买目的的商品进行比较型信息搜集。如"商品 A 和商品 B 的区别""商品 A 的评论"和"商品 B 的评论"做对比、咨询朋友的意见"你会买哪个""商品 A 和商品 B 同时测评",等等。此外,消费者还有可能对某项商品做深度的调查,如在各渠道搜索商品的性能、缺陷、优势、口碑、折扣等。直到消费者获取的信息满足其评价标准,并足以支持消费者的购买决策为止。

(二)信息搜寻的方案

基于评价标准,消费者需要寻找对品牌和购物点的备选方案。一般情况下会有五种备选方案,即非意识域、意识域、激活域、惰性域、排除域,如图 1-1-12 所示。

- 非意识域:消费者不知道的备选方案。
- 意识域:消费者意识到的备选方案。
- 激活域:可供考虑的备选方案,分为被选定的购买方案、被考虑但未被选定的方案,是由消费者为解决某一特定问题而将要进行评价选择的品牌。虽然激活域通常由一类产品的不同品牌构成,但也有例外,因为替代品也可以发挥作用。如果消费者没有激活域或者认为自己的激活域不适用,那消费者将有可能参与外部搜索疑惑的更多选择余地。此外,消费者也可以了解更多可接受的品牌,作为决策过程中的备选。因此,信息搜寻的结果是形成了一个完整的激活域。
- 惰性域:后备备选方案,是由消费者知道并持中立态度的品牌所组成。当消费者最喜欢的备选方案不可获取,这些品牌就可能被消费者接受。虽然消费者不会积极寻找与之有关的信息,但是对这些品牌消费者也会正面接受有用的信息。
- 排除域:不予考虑的方案,是由消费者知道但是消极看待的品牌所组成。对于这些品牌,即使可以获得有用的信息消费者也不会处理或接受。

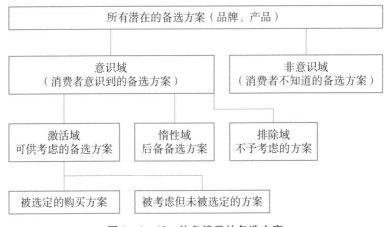

图 1-1-12　信息搜寻的备选方案

四　消费者的评价标准和决策规则认知

消费者会根据总体目标采用各种方式进行决策。在问题识别和信息搜集之后的决策阶段是备选方案评价和选择。首先,需了解消费者的动机,并结合其特征判断消费时的选择类型。其次,受到产品特征等影响,消费者建立了一种评价标准以辅助决策。面对大量的消费者,营销人员可依据几种决策规则作为营销策略设计的辅助。

(一) 消费者的选择类型

通常将消费者的选择分为三类,即感性选择、基于态度的选择、基于属性的选择。三者亦可能在一次消费决策中被组合使用。

1. 感性选择

在本质上强调整体。品牌并没有被分解为明显不同的部分被加以分别评价。对产品的评价一般集中在使用时所引起的消费感受上。评价本身很大程度上或者完全取决于消费者对产品或服务的即刻的情感反应。基于感性选择，实际上采用的是"我感觉它怎么样"的决策标准。消费者设想使用该产品或服务的情景或画面，并且对使用该产品或服务将产生的感觉进行评价。

2. 基于态度的选择

包括运用一般态度、总体印象、直觉和启发线索等，在选择时不用根据属性对不同的品牌进行比较。大部分消费者在购买之前才迅速从外部收集少量的产品信息。他们所做的决策通常是基于态度而做出的。动机、信息的可得性，以及情境因素之间的相互作用决定了做出基于态度选择的可能性。

3. 基于属性的选择

基于属性的选择要求消费者在选择时具备有关产品特定属性的知识，并且在不同品牌间对其属性进行比较。通常发生在购买介入度或动机较高的消费者身上。可获得的品牌越多，属性信息越多，消费者越可能做出基于属性的选择。

（二）消费者的评价标准

基于属性的选择很大程度上取决于品牌间一个或多个属性的比较。这些属性被称作评价标准，因为它们是评价品牌的维度。评价标准是消费者针对某一特定问题寻求的一些内容、特性和利益。评价标准可能是感性的，如食品的味道、画作的美观、体验的愉悦；还有可能是基于社会参照群体的，如朋友的评价、时兴的和过时的、欣赏的和鄙夷的；还有可能是功能性的，如储存空间、操作系统、售后策略等。

评价标准可能在类型、数量和重要性上存在差异。对于日常用品如牙刷、纸巾，评价标准较为简单；对于价格较高或使用期较长的产品，如床垫、电脑、家具等，评价标准较为复杂。市场营销者尤为重视消费者赋予每一评价标准的重要性。因为对于同一需要销售的产品来说，其多种属性可能都在消费者的考虑之列，但是赋予权重则是胜出竞争对手的关键。是消费者对某一系列产品或品牌的知觉和偏好的形象化表述。

"知觉图"是一种用于测量标准的简捷方法。先让消费者判断备选品牌的相似性，一般会让消费者看可能配对的品牌，最后指出哪对品牌是最相似的，哪对次之，一直到所有的配对都排完序；最后将这些判断数据用电脑处理，得出各品牌的知觉图。消费者并没有指明具体的评价标准，而只是对所有配对品牌的相似性进行排序，最后得出一个知觉图。如图1-1-13就是一幅不同游戏的知觉图，消费者的评价标准实际上就是知觉图的维度。

（三）决策规则认知

消费者使用五种决策规则或模式来做出选择，分别是连接式、析取式、编纂式、排除式、

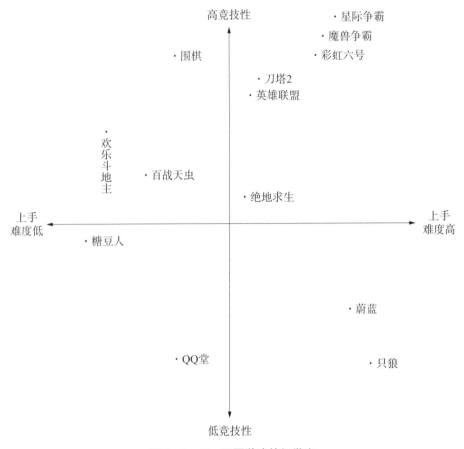

图 1-1-13 不同游戏的知觉度

补偿式。消费者在进行决策时通常使用一种或多种规则。

1. 连接式决策规则

消费者对每一评价标准设置最低可接受的表现水平,然后选择第一个或者所有超出了这个最低标准的品牌。任何低于这些最低标准的品牌将被排除在外,在这种情况下,剩下的品牌可能具有相等的满意度,消费者也可能会再应用其他决策规则从中选择一个。因为消费者的信息处理能力有限,所以经常使用连接式规则将信息处理任务缩小到一个可操作的水平。

2. 析取式决策规则

消费者针对每一个重要属性建立一个最低可接受的表现水平,任一品牌只要有一个属性高出了最低标准都在可接受之列。当目标消费者使用析取式规则时,产品至少超过一项消费者要求的关键标准的最低要求很重要,这点应该在广告信息和产品包装上强调。

3. 排除式决策规则

要求消费者对评价标准按重要程度排序,并对每一标准设立临界点。考察过程将根据第二重要的标准重复进行,这将持续到仅剩一个品牌为止。该消费者的逻辑是,"我想买一个具有其他品牌没有的重要属性的高水平的品牌。"

4. 编纂式决策规则

要求消费者将评价标准按重要程度排序,然后选择最重要属性中表现最好的品牌。如果有两个以上的品牌在最重要的属性上表现相同,则对次重要属性进行评价,直到只剩下一个品牌。与排除式的差别在于,编纂式规则在每一步都寻求最佳表现的品牌,而排除式规则只是寻求表现满意的品牌。

5. 补偿式决策规则

前四种都是非补偿式的,因为某一属性的优秀表现不能补偿其他属性的拙劣表现。针对那些使用补偿性决策规则的消费者,我们可以用一些相对较高的属性值去弥补那些相对较低的属性值。

实战训练

针对你选取的实体类型产品和非实体类型产品,结合本任务所学的知识,分析你在购买决策中的信息来源、评价标准。

项目 2
认识电竞消费者

知识目标

（1）了解电竞消费者的类型和分类方式。

（2）初步了解不同类型电竞消费者的消费特征。

（3）认识电竞消费者的个性与心理。

（4）了解用户画像的制作。

课前思考

电竞消费者是一个庞大且宽泛的群体，从职业联赛中激战不止的职业选手到随处可见的捧着手机进行游戏的普通玩家，都可以算作电竞消费者。在深入了解电竞消费行为之前，首先要了解电竞消费者到底是什么样的消费者，可以被划分为哪些不同的类型。请凭借你目前掌握的知识，尝试对电竞消费者进行分类，并指出你分类的电竞消费者群体具有什么特点。

任务 2.1 电竞用户的类型

任务目标

（1）认识电竞消费者的基本类型。

（2）掌握巴图分类法。

任务描述

对于电竞消费者的分类可以从多个角度出发，既可以从他们的游戏行为进行分类，又可以通过他们的消费行为进行分类。本任务中会从这两个不同的角度探讨电竞用户的不同类型。

一 从游戏行为角度进行分类

一般而言，电竞消费者可以分为职业选手和普通玩家两大类：前者指的是有资格参加电子竞技比赛的职业选手，一般隶属于某家俱乐部；后者是指以娱乐为主要目的的、利用闲暇时间参与电子竞技活动的大众人士，依据兴趣、投入程度又可以分成休闲玩家（casual player）、核心玩家（core player）、硬核玩家（hardcore player）三类。

（一）巴图分类法

在 1996 年，理查德·巴图基于玩家的需求，提出了"巴图分类法"，将玩家划分为成就型、探索型、社交型和杀手型等四类。

成就型玩家(achiever)的兴趣是对游戏有所作为,也就是对游戏世界展开行动(见图1-2-1)。他们往往不太关心与他人的交流或者是探索整个游戏世界不太为常人所知的部分,他们更关心自己在游戏等级阶梯上所排列的位置,以及自己是否能比别人在更短的时间内到达这一位置。

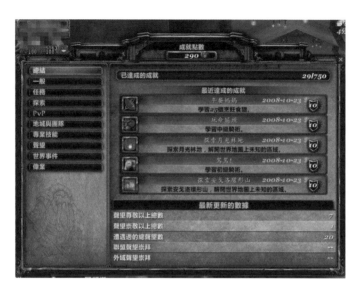

图1-2-1 游戏中的成就系统

探索型玩家(explorer)的兴趣在于不断找寻新的惊喜,也就是与游戏世界展开互动(见图1-2-2)。这类玩家不太热心于与他人的交流,他们更喜欢发现游戏世界中自己所不知道的内容,大量同时在线的用户对于探索型玩家来说并不能增加游戏深度,甚至有时候他们往往会抱怨"如果这个游戏的人数减少三分之二就好了,我会玩得更加顺畅",相对简单的游戏玩法是丝毫无法引起探索型玩家的乐趣的,越复杂的系统越能够带给他们驾驭游戏世界

图1-2-2 开放世界探索

的成就感,同时也是向其他玩家炫耀的资本。

社交型玩家(socializer)的兴趣在于与其他玩家展开互动(见图1-2-3)。游戏世界是否有方便快捷的聊天和好友系统,比有多少野外的怪物更容易让他们关心;与此同时,网络世界的虚拟性给了很多人一个扮演另外一个自己的机会,也许平时木讷内向的人在网上摇身一变就高朋满座、蓬荜生辉。另外一个极端情况就是,这类玩家往往都是各大游戏公会的会长或者是高层管理者。

图1-2-3 游戏中的社交

杀手型玩家(killer)的兴趣在于对别人做什么,也就是对其他玩家展开行动(见图1-2-4、图1-2-5)。这类型玩家在游戏前期往往混入成就型玩家的行列,但一旦自己在游戏等级阶梯中排列的位置相对靠前,那么就会在其他低级的玩家身上寻找游戏快感,并且往往这种行为是未经对方同意的。

图1-2-4 "击杀"玩家

图 1-2-5　理查德·巴图四玩家类型矩阵

（二）四类玩家的相互关系

1. 依据对电竞产品的依赖度进行排序：成就型＞社交型＞杀手型＞探索型

成就型玩家对电竞产品的依赖度最高，他们很珍惜从比赛中获得的装备，除非当他们因为现实的原因无法再继续比赛，或者比赛无法再给他们提供成就感，否则他们是不会轻易放弃的。随着成就型玩家的离开，社交型玩家发现他们的朋友越来越少，最终也会觉得失落和无聊而离开比赛。随着社交型玩家的离开，杀手型玩家发现游戏里剩下的都是高端的成就型玩家，而这是他们最不想面对的（再没有菜鸟让他们虐杀了）。至于探索型玩家，在游戏的中期当他们发现游戏对他们不再有秘密可言之时，就已经离开了。

2. 依据玩家需要释放压力的强弱进行排序：杀手型＞成就型＞探索型＞社交型

杀手型玩家的来源是现实社会中内心最压抑的一部分人，他们当中的相当一部分具有一定程度的反社会倾向。成就型玩家在现实社会成就感得不到满足，退而求其次，追求在游戏中的万人之上。探索型玩家具有相当的好奇心与求知欲，往往具有冒险精神，而现实生活却无处发挥其这一心态和特长，就转向解密虚拟世界。社交型玩家大多数生活安定，物质较为丰富，但却感到孤独无聊。

3. 依据为游戏消费的意愿高低进行排序：成就型＞杀手型＞社交型＞探索型

探索型玩家可能是最不愿意为游戏消费的玩家群体了，因为他们很少沉溺于一款游戏，如果一款游戏让他们花费大量金钱，那他们宁可选择一款不收费的新游戏。这也就是"游戏蝗虫党"一说的由来。而成就型玩家为了凸显自己的重要性，杀手型玩家为了杀人，社交型玩家为了自己的虚荣感都愿意在相应项目上花费一定的金钱。

二　从消费行为角度进行分类

如果从消费的角度对电竞消费者进行分类，可以按照在游戏内的消费金额，也就是俗称的"氪金能力"将其分为：零氪玩家、普通玩家和重氪玩家。

（一）零氪玩家

图 1-2-6　零氪玩家

现在的游戏中存在许多可以消费的渠道，例如首充、月卡、十连抽、皮肤、装备、道具等，这些付费点从设计之初就是针对电竞消费者的不同偏好。然而，在各种精心设计的付费点的诱惑之下，仍然有一部分玩家不为所动（见图 1-2-6）。对于这一部分玩家来说，他们只想体验游戏本身的乐趣，以及通过自己的努力一步步在游戏中达成目标的成就感。虽然这类玩家对游戏没有直接的经济贡献，但是他们仍然具有非常高的价值。

1. 口碑和价值传播

大量的游戏玩家可以塑造游戏的品牌形象，改变路人对游戏的认知。

2. 维持游戏内社交热度

大量的玩家可以维持游戏内社交的活跃度，让所有玩家在游戏内可以拥有更好的社交体验。

3. 维持游戏外话题热度

即使零氪玩家没有为游戏充值，但是他们在游戏外的讨论仍然会提升游戏的热度，达到宣传、塑造形象的目的。

4. 维持游戏内经济系统平衡

某些游戏内涉及交易系统，这时就需要大量的玩家维持游戏内的经济系统稳定，产出与消耗必须达到一定的平衡，否则，游戏内的经济系统崩溃，游戏的质量就会大幅下滑。

5. 提升游戏玩法的参与度

许多游戏的玩法需要足够多的玩家才可以提供优秀的体验，设想一下，如果《王者荣耀》没有足够的玩家，匹配需要等待几分钟才能开局，玩家必定会大量流失。

（二）普通玩家

对于有一定经济能力的玩家来说，通过适当的氪金提升自己的游戏体验、避免不必要的时间浪费，对他们来说是非常值得的。因此，这部分玩家通常会在对自己的氪金能力仔细斟酌后，选择最具性价比的方式氪金。许多游戏论坛、交流群也会在游戏内推出各种活动时，分析每个活动的性价比供这部分玩家参考。对这部分玩家来说，如果只花费一小部分金钱就可以得到一些优质的道具，他们是绝对愿意付费的。最具代表性的例子有王者荣耀的6元皮肤、各种手游中的首充赠礼活动、节日时的各类充值返利活动等。这类玩家虽然不像重氪玩家，为游戏提供大量收益，但是人数众多，只要在适当的时机推出合适的活动，他们仍然愿意为游戏付费。

（三）重氪玩家

图1-2-7 重氪玩家

如图1-2-7所示，重氪玩家是一个游戏中最重要的玩家群体之一。对于这类玩家来说，氪金是解决问题的绝佳方法。重氪玩家不考虑性价比、活动或是其他因素，对于他们来说，氪金的目的通常非常简单，因此，从以下几个方面入手服务重氪玩家最好：

1. 提供绝版或超珍稀道具

对于重氪玩家来说，大多数时候他们氪金的目标就是将某些绝版或珍稀道具收入囊中，以满足他们收藏的欲望。例如王者荣耀中的荣耀典藏系列皮肤、英雄联盟中的限定皮肤（见

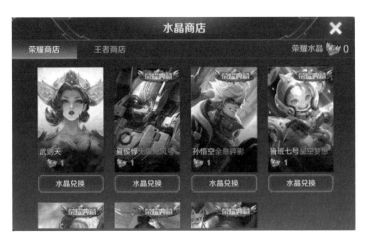

图1-2-8 限定皮肤

图1-2-8)或是阴阳师中的极品 SSR(Superior Super Rare,在卡牌游戏中对稀有度的代称)。

2. 提升足以碾压绝大多数玩家的战斗力

花钱就是为了变强,这也是重氪玩家氪金的一大动力。当重氪玩家发现自己在游戏中的战斗力掉队时,如果氪金可以增强战斗力,他们一定会投入大量的金钱维持自己的地位。这在许多游戏中都是很常见的。

3. 提供可以彰显尊贵身份的标志

如图1-2-9所示,还有什么比彰显身份的标志更能满足一个人的虚荣心呢?重氪玩家在花费了大量的金钱后,一定会想让其他人知道,自己是一个拥有大量财富的玩家。许多游戏设计了很多方式来满足这种欲望,例如某些游戏中会给重氪玩家的角色赠送非常好看的"翅膀",某些游戏给重氪玩家提供专属客服,重氪玩家登录游戏时全频道广播……只要让重氪玩家感觉到自己与其他人不同,他们就愿意为这一层身份额外付费。

图1-2-9 彰显身份的标志

实战训练

电子竞技领域的热门游戏类别

游戏类别	游戏名称
MOBA 类	英雄联盟、DOTA 2、王者荣耀、梦三国 2、无尽争霸
FPS 类	绝地求生、穿越火线、全民枪战 2、逆战、CS:GO、使命召唤
RTS 类	星际争霸、巅峰战舰 2、皇室战争、红色警戒、魔兽争霸
TCG 类	炉石传说、混沌与秩序 2 救赎、HEX
棋牌类	三国杀、欢乐斗地主、英雄杀
竞速类	天天酷跑、QQ 飞车、跑跑卡丁车
格斗动作类	影之刃 2、天天炫斗、地下城与勇士
音舞类	QQ 炫舞、舞创天团、节奏大师

上表是目前在电子竞技领域比较热门的一些游戏品种,请按照"巴图分类法"给出的方法,对他们的主要玩家群体进行分类,并指出每一类型的玩家在该款游戏中所起到的作用;以及尝试发现该款游戏是否存在对某类或某几类玩家格外具有吸引力,梳理相关原因和证据,最终报告以下表的形式完成。

重点玩家类型分析报告表

电子竞技项目		重点目标玩家类型设定(可以勾选√多项)					
名称	类别	成就型	探索型	社交型	杀手型	理由	

除了本任务介绍的两种分类方式,还可以怎样对电竞消费者进行分类?性别、年龄、喜爱的游戏类型,亦或是从其他的维度进行分类?请提出你的分类维度,并对上表游戏的主要玩家群体进行分类。

◉　任务 2.2　电竞消费者的消费动机与价值观

任务目标

（1）了解电子竞技玩家消费动机的含义。

（2）掌握价值观对电子竞技玩家的重要性。

任务描述

电竞消费者也是消费者,每一个消费者在进行消费时,都会基于不同的动机,了解消费动机,才能根据这些动机进行有针对性的营销。本章就着重介绍不同的消费动机,以及电竞消费者的价值观。

一　动机及其分类

动机是指推动个体朝向一定目标行动的内在动力。就电子竞技玩家而言,消费动机能促使、驱动玩家为达到一定的目的而进行电子竞技消费活动。

动机产生的基础和源泉是需要,它在主观上通常以意向、愿望的形式存在;而当意向、愿望激起并维持玩家的消费行动时,就成为玩家的消费动机。没有需要,动机就失去了动因,只有当需要达到一定程度后,才能成为推动或阻止行为的内部动力。当玩家缺乏某种客观事物,并明确意识到这种缺乏时,若产生作用于电子竞技产品的消费活动,则消费需要转化为消费动机。通过电子竞技消费活动,需要得到满足后,消费动机即消失,消费活动便停止下来。

心理学家亚伯拉罕·马斯洛提出了颇具影响力的需要层次理论,把人的需要分为五个层次,即生理需要、安全需要、社会需要、自尊需要、自我实现需要。

消费者的购买动机可有两种分类方法:一是针对一般的购买动机的分类,二是针对具体购买动机的分类。

1. 一般的购买动机

① 生理购买动机:维持生命、保护生命、延续生命、发展生命。

② 心理购买动机:情绪动机、情感动机、理智动机、惠顾动机。

2. 具体的购买动机

① 求实购买动机。

② 求新购买动机。

③ 求美购买动机。

④ 求廉购买动机。

⑤ 求名购买动机。

⑥ 求便购买动机。

⑦ 从众购买动机。

⑧ 储备购买动机。

在玩家动机研究上,余健伦优化了前文介绍的巴图分类法,以 MMORPG 玩家为例,做了深层的分类研究,把玩家游戏动机分成三主级因素,并细分到十副级因素,如图 1-2-10 所示。

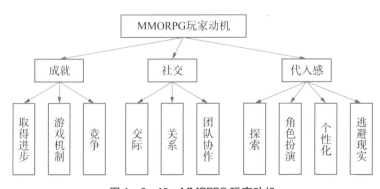

图 1-2-10　MMORPG 玩家动机

玩家的消费动机是产生消费行为的直接原因，因此可以通过测量玩家的消费动机了解其消费行为。然而动机难以从外部加以直接观察，因此需要研究对消费动机的测量方法。

二 价值观

价值观是认为某种情况比对立面更好的理解或判断。价值观的主要表现形式有兴趣、信念和理想等。玩家的价值观对其思想和行为具有一定的导向或调节作用，决定着消费动机的性质、方向和强度。

通常，个体把目标的价值看得越高，由目标激发的动机就越强，在行为中发挥的力量就越大。相反，个体认为目标的价值不大，由此激发的力量就小。如获取更好游戏体验的价值观促使玩家产生消费动机，做出消费行为，并使这种行为得以坚持下去。

实战训练　选择一个游戏的主流玩家群体或是某种类型的消费者，调查他们的消费动机，并结合本任务的学习内容对他们的消费动机进行分类。

○ 任务 2.3　电竞消费者的个性与心理分析

任务目标

（1）认识玩家个性的含义。

（2）掌握心理图式研究方法。

任务描述

个性，是每个人最独特的方面。了解并探究电竞消费者的个性，才能更好地把握电竞消费者，本任务将为大家介绍个性与探究个性的方法。

一 个性

个性在心理学中又称人格，指个人独特的心理结构，以及这种结构长期稳定地影响个人对环境的反应方式。个性作为个体带有倾向性的、比较稳定的、本质的、心理特征的总和，是个体独有的并与其他个体区别开来的整体特性。

在电竞消费实践中，正是个性的绝对差异性，决定了玩家心理特征和行为方式的千差万别，同时显示出每个玩家独有的个人风格和特点。例如，面对新的火爆游戏，有的玩家追随潮流，有的则坚守原来的游戏阵地。购买游戏装备时，有的玩家谨慎思考，有的则冲动消费。这些正是不同玩家个性作用的结果。

从内部结构看,个性主要由个体倾向性和个体心理特征两部分组成。个性倾向性,指个人在与客观现实交互作用的过程中,对事物所持的看法、态度和倾向,包括需要、动机、兴趣、理想、信念、爱好、价值观等。个性心理特征是一个人本质的经常的心理活动特点,一般包括气质、性格、能力等。气质显示个体心理活动的动力特征;性格反映个体对现实环境和完成活动的态度上的特征;能力体现个体完成某种活动的潜在可能性特征。这三者的独特结合,构成了个性心理的主要方面。

二 心理图式方法

心理图式可表述为是一种使用心理学、社会学和人类学因素等来确定如何根据市场上各群体的倾向细分市场,以及确定各群体对产品、个人和意识形态作出特定的决策,或持有某种态度、使用某种媒介的原因。

心理图式研究可以有几种不同的形式:

① 生活方式梗概:寻找能区分产品使用者与非使用者的项目。

② 产品特性梗概:识别目标群体并用与产品相关的维度来描绘消费者。

③ 一般生活方式细分:根据整体偏好相似性,将一个大样本里的受访者划分到各个具有同质性的群体中。

④ 产品特定细分:修改问题以使其适合所研究的产品种类。

如今大部分心理图式研究都试图根据三种变量类型的组合来区分消费者——活动(activities)、兴趣(interests)和意见(opinions),即 AIO。表 1-2-1 列举了常用的 AIO维度。

表 1-2-1 常用 AIO 维度

行为	兴趣	意见	人口统计特征
工作	家庭	自我	年龄
嗜好	住所	社会问题	受教育程度
社会活动	工作	政治	收入
度假	社交	商业	职业
娱乐	消遣	经济	家庭规模
俱乐部成员资格	时尚	教育	住处
社交	食物	产品	地理环境
购物	媒体	未来	城市规模
运动	成就	文化	生命周期阶段

AIO调查表是一种陈述性量表,包括关于消费者活动、兴趣、意见等的一系列问题,要求调查者表明对每个问题"同意"或"不同意"的态度。表1-2-2是一份AIO调查表示例。

表1-2-2 AIO调查表示例

请阅读以下每一条陈述,在最符合你的同意或不同意的程度上打"√"。					
	非常同意	同意	不一定	不同意	非常不同意
我总是到能省时的地方购物					
本地物价与其他城镇不一致					
我喜欢到大购物中心去					
我喜欢购物中心,胜过城里购物区					
我购买许多便宜货					
购物时讨价还价会省钱					
只要产品看上去好,就买下它					
我喜欢做新鲜事					

编制一份AIO调查表,研究人员要列出有效的心理描述变量,并针对这些变量形成各种类型的陈述。这些陈述可能是一般性的,强调了大众较广的知觉、偏爱和生活方式,例如"我很喜欢玩游戏";也可能是特殊性的、针对具体产品的,让研究者了解产品如何与消费者联系起来,通过评价这些信息改进产品,寻求打动消费者的卖点,例如"玩《阴阳师》让我觉得很放松"。

三 心理图式分析

进行心理图式分析的第一步是确定哪一种生活方式产生了对某种特定产品的需求。第二步是找出谁(具有某种生活方式的消费者)在使用这种产品,然后区分出重度、中度和轻度使用者。企业营销的主要目标是重度使用者。第三步是在辨认出重度使用者之后,考虑如何将自己的品牌与他们建立联系。

分析得到的结果可以有多种用途:

① 定义目标市场。

② 创造市场新视角。

③ 为产品定位。

④ 更好地传播产品特性。

⑤ 发展整体策略。

⑥ 推广社会或政治观点。

实战训练　阅读三个案例,结合本任务所学内容,分析案例中的游戏是如何把握住电竞消费者的心理的。

| 案例一:《王者荣耀》 |

据伽马数据发布的《2018 年度移动游戏报告》,《王者荣耀》延续 2017 年的辉煌,依然占据着国内移动游戏收入测算榜的第一名,且为年度综合热度榜的第一名,人气居高不下。

不知不觉中,身边的朋友们、喜欢的明星们,不管以前是否玩游戏,许多人都被一款游戏——《王者荣耀》吸引了。经常玩的朋友甚至还会组建一个《王者荣耀》开黑群。这款游戏极易令人上瘾,无论下班回家后还是下课后,人们都习惯了开黑组队玩游戏放松一下,结果一不小心就打到了凌晨……许多人卸载过很多次《王者荣耀》,却又在下一次想放松的时候重新下载回来。

为什么《王者荣耀》这么火? 它是如何令人上瘾的?

1. 产品开始阶段

核心用户:想在手机上玩《英雄联盟》的游戏玩家。

推广方向:只需要针对《英雄联盟》玩家可能出现的地方,有针对性地推广。

措施:邀请明星以及《英雄联盟》的职业选手来做活动,直播玩《王者荣耀》,举办比赛,提供奖金,吸引电竞爱好者;

社区内容构建方面,加大资料库、视频中心建设,为手机 QQ、微信双平台游戏中心、游戏微社区等平台提供图文、视频内容,同时搭建英雄资料库并提供定制化专题支持;

不断地尝试新型用户外发运营模式,通过一些媒体推广方式,如微信公众号、微博等;

设置日常签到礼包和非常多的日常活动和限时活动,并从微信 & 手机 QQ 双平台给予了大数据测试方面的鼎力支持,并且一键邀请微信、QQ 上的好友。

2. 产品成熟阶段

开始往用户生成内容(UGC,User Generated Content)、社交化和电子竞技的方向发展,主要目标用户瞄准至一般玩家和女性玩家。加入各种各样的社交功能,战队、恋人、师徒,直到最新的移动定位服务(LBS：Location Based Services)玩法。各种各样的《王者荣耀》赛事、直播和社区也建立了起来,这些活动的本质目的都是为了扩大用户群体,并且让《王者荣耀》渐渐地成为一个平台,由用户自己在上面产生内容和社交,直到融入用户的日常生活当中。

【案例分析】

1. 基于马斯洛需求层次理论的分析

马斯洛需求层次理论在产品设计和营销管理中是一个不可避开的基础理论。《王者荣耀》把这个理论运用得相当好。这里讲一下"归属"和"尊重"两个较高层次的需要。

首先，捆绑社交满足人们的归属需要。马斯洛认为人人都有同他人建立联系的需要。《王者荣耀》最成功的一点也是其他同类型手游无法做到的一点，就是它利用了腾讯这一平台把社交属性发挥到极致。《王者荣耀》是现实社交的延伸，而不是一个新的虚拟世界。它充分地利用微信和QQ这两大社交平台，新玩家进入的时候，它的游戏好友就已经有了几百个，就能看见现实生活中的朋友谁在玩《王者荣耀》，这样的社交影响力对于一个新手来说几乎是具有统治力的，如果这个游戏本身又并非很难上手，那么这个新手的留存率相比其他游戏，就会变得很高了。

人们在游戏中不仅能享受竞技的乐趣还可以顺便完成同许久未联系的老友联络感情、认识新朋友等功能。用社交属性作为游戏的卖点之一，还有一个得天独厚的优势，就是传播能力非常强，这一点在游戏运营初期不怎么能体现，但当游戏有了一定用户基数，这些用户就会自发地帮助宣传，比如在朋友圈和微博分享状态，主动拉好友一起玩。

其次，游戏内多样化的成就系统满足人们的尊重需求。尊重的需要指的是每个人都希望自己的能力和成就得到他人的认可。尊重的需要又分为内部尊重和外部尊重，也就是自尊和他人的良好评价。马斯洛认为，尊重需要得到满足能使人对自己充满信心，对社会满腔热情，体验到自己活着的用处和价值。《王者荣耀》在成就系统上的改进比它的老大哥《英雄联盟》更进一步。当然这里面也有其作为一款手游本身的一些特点，比如，多样化的对局统计。《王者荣耀》在对局结算的界面中可以直接看到一场对决中自己所在团队中的队友和自己的贡献情况以及整体评价。不仅像传统的多人竞技游戏一样，胜利方整体评价最高的玩家能获得MVP的称号，失败方玩家同样能获得"败方MVP"称号，而且除了这个整体评价还有诸多荣誉标志，比如推塔最多、承受伤害最多、助攻最多，这在一定程度上反映出责任边界的迷糊化。整体评价最高的人成就感更高，而整体评价低的人也不至于十分挫败。多样化的排行系统除了玩家们最关心的天梯排行，还有英雄排行、皮肤排行、成就排行、连胜排行等，意思就是说，我玩得虽然没有你好，但是我皮肤比你多啊。这些称号和排行对于玩家来讲在聊天位置中可以体现自己技术的高度，满足了荣誉感。如果在比赛过程中看到大神，玩家也可以加好友线下见面一起开黑，在一定程度上也促进了社交。

2. 基于心流理论的分析

心理学家米哈里·希斯赞特米哈伊将"心流"定义为一种将个人精神力完全投注在某种活动上的感觉，心流产生时同时会有高度的兴奋及充实感。

使人进入"心流"状态，应具有四个前提：

（1）内在奖励感

在一局游戏中胜利了，我们会获得认同感和掌控感。

（2）清晰无障碍的目标

在玩《王者荣耀》的时候，我们的目标就是和队友一起推掉对方的水晶。努力打小兵、打野怪就能赚金币，赚了金币就能买装备，买了装备就能提升攻击和防御能力……目标明确。

而长期的目标就是打排位升级，《王者荣耀》设置了不同的段位：倔强青铜、秩序白银、荣耀黄金、尊贵铂金、永恒钻石、至尊星耀、最强王者，而每一个段位又有1—5的等级划分，每个等级有五颗星，赢得一次排位赛就能获得一颗星。

（3）即时反馈结果

当你打完一局后，你可以清楚看到自己和他人的评分，以及对团队的贡献。如果你助攻最大，可以获得最佳助攻的荣耀，如果你在团队中连续杀掉7个人，则会获得"超神"的称号。如果你在一局中输出、贡献最多，则能拿到MVP。

（4）平衡的技能水平和挑战

很多人都习惯在对战模式中练英雄，每买了一个新英雄时，我们往往会在最初被虐得很惨，然而在一局局练习中，我们逐渐了解新英雄的技能，击杀的人数越来越多，享受到了逆袭的快感。

《王者荣耀》的游戏机制设置，能够让玩家很快进入"心流"状态，从而忘记时间的存在，不仅不觉得疲惫，反而越打越兴奋，一玩就是好几个小时……

3. 基于契可尼记忆效应理论的分析

契可尼效应，是指人们天生有一种办事有始有终的驱动力，人们之所以会忘记已完成的工作，是因为欲完成的动机已经得到满足；如果工作尚未完成，这同一动机便使他对此留下深刻印象。

《王者荣耀》的排位系统分为七大段位，分别是倔强青铜、秩序白银、荣耀黄金、尊贵铂金、永恒钻石、至尊星耀、最强王者。排位赛的周期是三个月左右，赛季结束时结算成绩和领取对应奖励，段位越高奖励越多。

通常，处在青铜的玩家想升到白银，白银玩家想升到黄金，就这样一路上分，最后成为最强王者。看起来很简单，直接打上去就行。但是，其实排位的人员匹配机制暗藏玄机。很多玩家都会说："为什么老是在排位的时候遇见坑？"这是因为：系统会把每个玩家的胜率控制在50%，一旦连胜次数过多，系统将会自动让胜率回到基础水平。这样许多玩家在升段位的关键赛局时，常常会匹配到胜率极低的坑队友。这样，玩家不会很快升级到最高段位，而根据契可尼记忆效应，玩家们就会一次一次地玩下去，直到成为"最强王者"。

| 案例二:《阴阳师》 |

作为一款卡牌类游戏,《阴阳师》的主要标签可归纳为如下几个:

1. 卡牌

《阴阳师》的卡牌收集包括阴阳师、式神两大部分。其中,阴阳师(晴明、神乐、源博雅、八百比丘尼),随等级解锁获得;式神通过抽卡或碎片合成获得。

2. 回合制

与传统的回合制有所不同,《阴阳师》的回合制玩法结合了卡牌的特征,弱化了回合制的深度策略,突出游戏的战斗输出体验。

3. 日式风格

这个是《阴阳师》最独特的产品优势特征。主要体现在美术、CV(Character Voice,角色配音)、文案剧情三大方面。CV是《阴阳师》核心卖点之一,游戏中的各种角色声音都邀请了日本著名声优进行配音,战斗音乐也邀请了日本著名乐师梅林茂创作。可以说,著名声优的配音是吸引了众多二次元玩家的关键因素之一。

4. 二次元

这个是与《阴阳师》的日式风格相关联的,游戏中的美术、CV和剧情都高度统一,带有浓浓的日式风情。特别是超豪华的CV阵容,对于二次元玩家来说,是非常具有吸引力的元素。

5. 新式社交

游戏内嵌了LBS系统,剧情演示动画设计了弹幕留言,在形式上做了一定的创新,但是社交效果仍然有待加强。

如何开始玩《阴阳师》?

好友在朋友圈里的各种分享和吐槽,引发了很长一段时间内关于“欧洲人和非洲人”的话题。式神卡牌收集是《阴阳师》从一开始就被疯狂议论的功能系统。根据式神属性的优劣,分为N、R、SR、SSR四个等级,越高级的式神越难获得。每一次抽卡都需要耗费符咒或者勾玉,成本大,但是结果却是概率性的。这样做的结果是:放大了概率性体验。玩家获得高级卡牌的成就感会翻倍,从而触发分享的愿望;而玩家投入巨大却毫无所获,则会放大落差,引发吐槽。不管是分享快乐还是吐槽脸黑,至少游戏的议论热度和传播范围被无形扩大了。

在游戏中玩家抽到了SSR都会有一种炫耀心理,《阴阳师》的分享功能也正好给玩家提供了这样的一个契机。每当玩家抽到SR级别以上的式神时,游戏会弹出一个提示框诱导玩家分享。根据六度分隔理论,玩家的分享会诱导新玩家进入,会很快地传播开来,同时分享者也会得到满足感与游戏中的奖励。当然,不排除游戏中有一定数量的游戏销售(GS, Game Sales)团队,用以激励玩家氪金以刺激玩家的上进心。

【案例分析】

1. 基于二次元文化的视角

如果游戏美术评分以 10 分为标准,那么《阴阳师》手游的美术能打到 9 分。主要是因其风格独特、整体精美。这里的风格独特是指游戏的所有原画、场景、角色模型都严格追求统一感,多角度完整展现日本平安时代风格。许多人看到宣传原画就对游戏感到新奇(市场上几乎没有同类美术游戏),从而下载体验。而整体精美则主要体现在人物脸型精致,都是俊男美女,非常符合大众审美。

COSPLAY,这是一种自日漫逐渐被扩展演化来的二次元特色活动。《阴阳师》的独特美术给二次元玩家一种强烈的日漫风格,而且剧情也相得益彰,而官方有针对性地推出了各种真人 COS 图片,给二次元玩家带来一种产品亲切感。网易抓住了由玩家延伸内容产生舆论内容的机会,开启了为所喜欢的式神而战斗的活动,满足了玩家的情感需求,也丰富了游戏的玩法。

《阴阳师》的游戏用户是泛二次元用户,这类用户的特点是明显的:萌 CP、爱动漫、脸控、宅等。《阴阳师》在设计上极大程度地满足了这类用户的需求:CP、同人创作、人物美型、日本著名声优。这不得不说是一个大手笔,而且实践也证明策略的成功。

2. 基于长线作战的视角

玩家在游戏中大部分时间都花在式神的养成上,这种“重肝度”的养成之后,玩家在各种副本以及玩家对战(PVP)中会更节约时间和得到更好的奖励。同时玩家在社交中能获得别人钦佩的眼光,满足玩家的社交需求与尊重需求,而队友看到别的玩家的式神如此强劲,也能刺激竞争心理。

《阴阳师》的养成系统非常严谨,只要配置方案得到修正和完善,在战斗中会有非常显眼的战斗输出表现。对于高级的玩家,人机对战(PVE)碾压式的体验会非常爽快(高级玩家通关中级难度副本,可以一招完成,通关前后只需数秒)。因此,在组队战斗中,实力的分层非常明显,这种实力分层能够放大高级玩家的自我成就感,同时触发低级玩家的上进心理。

在阴阳师中所有掉落都是以随机属性和随机掉落来体现的,在玩家不知道接下来会掉落什么、掉落的御魂是好是坏的情况下,阴阳师刺激着玩家不断地重复去探索游戏中的可能性。刷不到想要的御魂,要么买,要么攒好体力继续刷。做法简单粗暴单调,却给予了玩家极其明确的目标,激起他们的游戏和消费动机。

| 案例三:吃鸡类游戏 |

2017 年一款名为《绝地求生》的逃杀类 PC 端游在蒸汽(Steam)平台上横空出世,因玩家在游戏中如果取得第一名结算画面就会打出“大吉大利,晚上吃鸡!”的祝贺语,这款游戏又被玩家们俗称为“吃鸡”。其火爆程度甚至一举超过了曾经的端游霸主《英雄联盟》。

虽然《绝地求生》是在海外首发，但也并不影响国内玩家的热情，一时间放眼望去各游戏直播平台《绝地求生》主播激增；一踏进网吧，大部分玩家的屏幕上已不再是《英雄联盟》而是《绝地求生》。《绝地求生》的大火迅速引起了国内各大游戏厂商的注意，但似乎大家并没有激烈地争抢蓝洞(《绝地求生》的开发厂商)的代理权。因为在移动互联网的大背景下，国内游戏市场手游早已成为主流，加之《绝地求生》的付费门槛、服务器限制等因素，做手游版吃鸡似乎是个非常不错的选择。在2017年10月份左右手游吃鸡迎来了井喷式的爆发，先行试水的是一些小厂，不过现在大部分已停运了，在10月份前国内就有3款上线公测的吃鸡类手游，从10月开始各游戏大厂开始进入赛道。仅在10月份就有《小米枪战》的大逃杀模式、网易自研的《荒野行动》正式公测；11月份腾讯自研的《光荣使命》(这也是腾讯发行的首款吃鸡手游)正式公测。时间线来到2018年，1月份网易又上线了自研的《终结者2：审判日》；2月9日这一天，腾讯同时上线了2款拿到蓝洞正版授权的吃鸡手游：《绝地求生：刺激战场》《绝地求生：全军出击》，其中《全军出击》的工作室正是国民级手游《王者荣耀》的制作团队——天美工作室。

至此吃鸡手游的大混战打响，其中顶着正版授权光环的《刺激战场》《全军出击》刚刚开始公测时就迅速占据了国内App Store免费游戏榜的第1、2名。起初更被看好一些的《全军出击》反而被光子工作室的《刺激战场》超越(仅用一周时间《刺激战场》就登顶全球100多个国家和地区的手机应用下载榜榜首)。

游戏的玩法非常简单，是融合了探索收集元素，淘汰对手坚持至最后一轮的生存游戏。游戏主要是将100名玩家投放到一张相当大且地形复杂的地图上，组队方面可选择单人模式、双人组队、四人组队，由一开始观察航线，选择降落点，之后就是捡资源(防具，枪械，弹药、药包、倍镜等)，利用地形或守或攻，而且时时面临毒圈缩小或随机轰炸等危及生存的紧迫感，坚持到消灭最后一名对手，你或你的队伍就将获得吃鸡成就。

【案例分析】

1. 玩家分析

就吃鸡类游戏而言，引玩家入胜的主要原因有以下三点：

一是上手门槛较低，新手上手也会很快。相较于传统第一人称射击(FPS)类游戏需要掌握的听脚步等各种技巧才能具有较好的游戏体验，吃鸡上手的难度可以说极低了。枪法的作用则被冲淡许多，你的枪法再高也不能保证你就能吃鸡，天命圈、舔包、资源道具、各种地形往往起到更大作用。此外射击难度的加大，也保护了技术不好的一方(这个群体占了绝大多数)，让普通人也能靠运气或者偷袭套路成功吃鸡。

二是游戏具有较高的自由度和随机度。资源方面,舔包、捡防具、枪械、弹药、倍镜,每一局都要靠玩家自己去主动发现和争夺,由于每一局都是新的开始,游戏的重复度并不高,能够让玩家保持足够的新鲜度;游戏结果方面也有较大随机性,并不一定说捡到的装备豪华至极就一定稳赢。所谓神通难敌天数,毒圈的生存威胁对吃鸡结果也具有极大影响,可能会遇到不同的玩家套路,遇到各种各样的情况,让玩家去修正自己的策略;而且玩家可以自己选择对游戏的参与度,可以一直守到最后,也可以从降落地点时就开始一步步规划前进路线,死了之后可以躺等吃鸡,聊天观战,也可以返回大厅再战一场,不管是游戏内还是结束时都给了玩家极大的发挥空间。

三是营造出较好的沉浸感及强化效果。吃鸡游戏还有着优秀的强化机制及较好的情绪沉浸效果。行为主义中的正强化是为了建立一种适应性的行为模式,运用奖励的方式,使这种行为模式重复出现,并保持下来,这种强化又以间断随机的强化最能塑造行为,效果也较难消退。在吃鸡中每一次的舔包,甚至每一次的击杀都是间断性的强化奖励,即时的反馈刺激,对玩家的强化,也会潜意识地使其更想去玩吃鸡游戏。即使不能拿到第一成功吃鸡,也可偷袭一个对手,或者和队友灭掉一队,甚至有时捡到个八倍镜都能让人足够满意。而且在游戏中,100位玩家斗智斗勇,游戏节奏紧凑,各种地形、各种策略、搜资源、跑毒圈、转移对抗,短时间内有着丰富的游戏体验,让玩家置身其中。另外玩家之间的互动也会造成极强的沉浸感,比如队友的互坑互助,或被其误杀的无奈,或被打黑枪的愤怒,或吃到鸡的喜悦等,营造持续的游戏快感,情绪不由自主沉浸其中。由此观之吃鸡游戏产品是极易让玩家"沉迷"的游戏。

2. 用户心理分析

(1)求胜心

经常玩吃鸡的朋友是不是都有过这样的经历:

"哇,这把好倒霉落地没有枪,3秒成盒了,再来一把,再来一把。"

"唉,刚才就差一丝丝血,那个人就倒了,下把肯定不会失误,再来一局。"

"我去,这个人太阴了吧,居然躲在那个上面,下把小心这个套路,再来一把。"

"最后这个决赛圈刷得太不友好了,差那么一点就吃鸡了,只能再来一局了。"

竞技类游戏的玩后结果基本上都会有胜负之分,吃鸡手游亦是如此。前面所列举的一幕幕场景就是求胜心的杰作,它驱使着玩家开了一局又一局只因为没有吃到鸡。其实就算是比较高端的玩家能保持吃鸡率在50%以上都很不容易,一般的玩家玩10局能吃一鸡就是比较正常的概率了。

可能有的朋友会疑惑这么高的失败率不会打消玩家的热情吧,怎么玩家还不减反增?其实不然,《游戏改变世界》一书中提出的一个观点,"胜利往往终结乐趣,但失败能够维持乐趣"。玩家一局又一局的游戏也是因为玩家感受到自己在不断地接近吃鸡,所以根本不会因一局局的失败而放弃。那么玩家吃到鸡的那一刻,乐趣就会终止了吗?其实也不会,原因是下面第 2 种心理又起了作用。

（2）表现自我

还是问下经常吃鸡的朋友是不是有过这样的经历：

"哇！这把居然可以从机场走出来,还淘汰了 5 个人,我太厉害了吧！"

"我天啊,刚才我那波操作天秀啊,1 打 3 完成反杀。Nice！"

"哈哈哈,这局 11 杀吃鸡,太爽了！"

"我去,都 2 连鸡了,下把继续吃鸡,破纪录！"

为什么玩家会有这样的暗爽呢？能在二三十个人的混战中突围成功确实很爽,能在 100 个人中存活到最后也确实很爽,这就是潜在的表现自我的欲望达成的那一刻带来满满的成就感。

在马斯洛需求层次理论中,自我实现是最高层次的需求,而如今的时代越来越多的互联网产品都能够满足用户的高阶需求,游戏产品更是如此。游戏中达成自我实现往往要比现实中容易得多,而获得成就感的那一刻也就满足了玩家自我实现的需求。而且吃鸡除了单人匹配还有组队模式,技术不错的玩家常常会得到队友的夸赞。如果说一个人的暗爽能带来莫大的成就感,那受到他人的肯定就可以带来无上的荣誉感,这就是表现自我的另一收获。

（3）攀比心

例如,《刺激战场》的巨大成功,一部分因素是引入了依仗微信、QQ 的社交关系链,对于离线的好友可以直接发起微信/QQ 的消息推送,邀请其上线。邀请好友入口也是在非常显眼的左下角位置,点开之后就是好友列表,这里就有一处细节,即在列表中是可以直接看到好友的段位等级的。

这样的设计恰恰勾起了用户的攀比心,因为微信、QQ 本身就是熟人社交,大家都相互认识,在游戏里自然也不能丢面子；而且段位等级某种程度上也说明了玩这个游戏的熟练程度,这就更激起了玩家间的攀比。

另外,如果说腾讯旗下的吃鸡手游才有这样的优势所在,那各家游戏中排行榜的设计也都是激起攀比心的存在。哪怕并不是顶尖高手,但是能超过百分之几、百分之十几的玩家,也能引起很大的愉悦,攀比心让玩家觉得"我就是比这些人厉害,我还要超越更多的人"。

小结一下,打好心理战牢牢把握住玩家的求胜心、表现自我、攀比心的用户心理,便能让玩家为此不懈努力。

任务 2.4　电竞消费者用户画像制作

任务目标

（1）用户信息的标签化。

（2）匿名化处理。

（3）用户画像的可视化呈现。

任务描述

用户画像是消费者行为学里经久不衰的内容,只要从事与消费者直接相关的行业,都离不开用户画像的制作。因此,本任务将会介绍用户画像是如何制作的(见图1-2-11)。

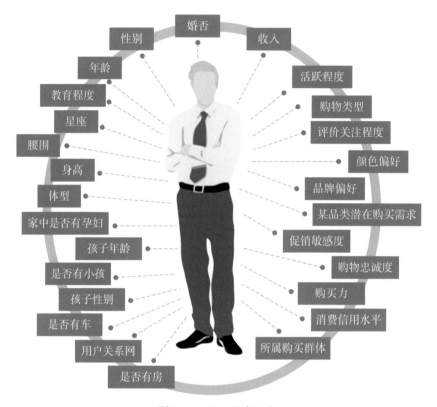

图1-2-11 用户画像

用户画像是根据用户社会属性、生活习惯和消费行为等信息而抽象出的一个标签化的用户模型。构建用户画像的核心工作即是给用户贴"标签",而标签是通过对用户信息分析而来的高度精练的特征标识。随着信息技术的发展,保存用户行为记录的成本越来越低,这为个性化服务技术的快速发展提供了有利的条件。这些标签具有揭示用户兴趣和需求的能力,而玩家的需求一直以来就是商家发展各项服务的出发点,因此电竞行业对用户信息标签的分析是必要且迫切的。

一 用户画像六大作用

① 精准营销,分析产品潜在用户,针对特定群体利用短信、邮件等方式进行营销。

② 用户统计,比如购买某类产品人数TOP10。

③ 数据挖掘,构建智能、个性化推荐系统,利用关联规则计算,喜欢电竞的人通常喜欢什么游戏,利用聚类算法分析,喜欢电竞的人年龄段分布情况;

④ 进行效果评估,完善产品运营,提升服务质量,其实这也就相当于市场调研、用户调研,迅速定位服务群体,提供高水平的服务;

⑤ 对服务或产品进行私人定制,精准到为某一类甚至每一位客户提供个性化服务;

⑥ 业务经营分析以及竞争分析,影响企业发展战略。

二 绘制用户画像所依据的四大属性

用户画像可分为群体用户画像和个体用户画像,前者是抽象的族群代表,表示某一类人的特征,用于分析群体特征;后者是具体到某个个体用户上,表示该用户的特征,用于做个性化分析。

① 用户静态属性:指一些较稳定不会频繁变化的属性,静态属性是用户画像建立的基础,最基本的用户信息记录。如性别、年龄、学历、角色、收入、地域、婚姻状态等。

② 用户动态属性:指可变性,如用户的兴趣爱好、在互联网上的活动行为特征。

③ 用户心理属性:指用户在环境、社会或者交际、感情过程中的心理反应,或者心理活动。

④ 用户消费属性:指用户的消费意向、消费意识、消费心理、消费嗜好等,对用户的消费有个全面的数据记录,对用户的消费能力、消费意向、消费等级进行很好的管理。

三 绘制用户画像的三个基本步骤

(一)用户信息的标签化

利用标签体系勾画用户的属性特征,精准、细粒度且结构化的标签体系是用户画像的基础,其广度和粒度对用户画像的精确性有较大影响。最早提出用户画像概念的是交互设计之父阿兰·库珀,其将用户画像定义为"基于用户真实数据的虚拟代表",通过搜集用户数据分析用户的不同特征,形成他们的个性化标签,这样便构成了此类群体的用户画像。还有研究者将用户画像描述为"一个从海量数据中获取的、由用户信息构成的形象集合",通过这个集合,可以描述用户的需求、兴趣以及个性化偏好等。将用户画像引至电子竞技领域可以更好地了解玩家需求,从而协助游戏厂家重新审视其服务系统,改进服务质量。

如在一级标签中,用户属性分类有三种,用户属性、用户行为和动态表现。在二级标签中,用户属性指的是电子竞技玩家自身的一些特质,如出生日期、账号等;用户行为是指用户在电子竞技中产生的各种行为以及这些行为分别在所有行为中所占的比例,主要有游戏时间、胜率等;动态表现指的是电子竞技玩家临时的兴趣,不仅表现在行为倾向分布上的变化,也表现在随着时间而改变,如图 1-2-12 所示。

(二)匿名化处理

用户信息的来源有基站位置信息、设备位置信息、日志信息、玩家注册信息、问卷调查

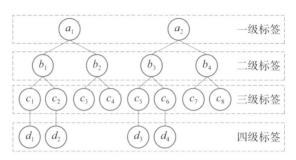

图 1-2-12 用户属性分类

等,并通过一定的计算逻辑来推演用户的基础信息。同时需确保电竞玩家数据的匿名化处理,如杜绝敏感数据的收集、杜绝未成年人数据的收集、建立数据的访问修改和保留制度、建立严格的追责机制、完善用户的投诉机制等。还需注意的是,匿名化处理不仅包括用户的静态数据,还包括动态数据,在选取匿名化方法时不仅要注意隐私性和可用性之间的平衡,还需关注匿名化处理的效率问题。

匿名化处理的方法有信息泛化和抑制等。信息泛化是指将原始属性域中的每个值直接泛化成一般域中的唯一值,基本思想是用更一般的值取代原始属性值。通常,泛化可分为两种类型,域泛化和值泛化。域泛化是指将一个给定的属性域泛化成一般域以便在语义上表达一个较大的范围;值泛化是指原始属性域中的每个值直接泛化成一般域中的唯一值。抑制又称隐匿,是指用最一般化的值取代原始属性值。抑制的一般操作是将被抑制的相应属性值所在记录要从数据表中删除,或者相应属性值用若干"＊"填充,以保持有关统计特性。

(三) 用户画像的可视化呈现

基于本体构建的玩家电子竞技行为的用户画像,怎样更直观、更生动地汇聚成"玩家形象"？可视化地体现在玩家空间中,供玩家概览自己的电竞轨迹,同时又能便捷地为玩家提供这些领域的信息概貌及竞技进展,这些是用户画像的可视化呈现问题。相比于传统的标签式用户画像,将本体引入到用户画像中,可以增强关键词向量中关键词之间的相关性。运用柱状图、饼状图、表格、图画、动画等方法,依据实际情况选择合适的可视化方式。

随着可视化新工具的出现,可视化呈现的标准向直观化、关联化、艺术化和交互性倾斜。直观化指直观、形象地呈现数据;关联化指挖掘、突出呈现数据之间的关联;艺术化指增强数据呈现的艺术效果,符合审美规则;交互性指实现用户与数据的交互,增强用户对数据的控制。其中,直观化和关联化强调数据可视化的功能性,艺术化和交互性则强调数据可视化的美学设计和智能化。实现了直观化和关联化,就能够直观、形象地呈现数据,找出数据之间关键、独特的关联性,而智能、交互性强的动态数据可视化过程可实现信息的传达和双向沟通。

请以小组合作形式,针对一款电子竞技产品制作其用户画像。建议通过访谈和问卷等方式,搜集电竞玩家信息后依据自己设计的计算逻辑为调研对象设计标签体系;然后使用图表、文字、图画等方式方法以直观有趣的形式呈现;最后尝试完成下表。

	动态属性	
 照片	兴趣爱好: 互联网行为特征: 电竞行为特征:	
静态属性 姓名: 年龄: 学历: 角色: 地域:	**心理属性** 环境、社会、交际、感情过程中的心理活动	**消费属性** 消费意向: 消费意识: 消费心理: 消费嗜好:

模块二 电竞消费行为分析实操

项目 3
电竞消费行为分析

知识目标

（1）具体了解各类型电竞消费行为。

（2）能运用理论知识分析不同的电竞消费行为。

（3）能将各种不同类型的电竞方式融入电竞产品的设计中。

课前思考

在学习了与电竞消费行为相关的知识以及如何设计电竞消费活动之后，我们把目光投向现实世界，去思考这样一个问题：电竞消费行为的理论知识如何运用在实践中？大多数电竞消费行为是与传统消费行为较为相似的，例如社群消费、赛事消费等，但也有一些在电竞快速发展后才出现的消费行为，例如游戏主播、游戏外设等。无论是这些新出现的消费行为，亦或是我们熟悉的消费行为，都是以满足电竞消费者不同层次的欲望而催生出的。这些消费行为有什么样的特点？它们之间是否存在特定的联系？这些电竞消费行为又反映了消费者什么样的欲望呢？

◎　任务 3.1　游戏消费行为

任务目标

（1）详细了解游戏内的各种消费行为。

（2）了解游戏消费行为间的区别。

游戏行业在经历了几十年的发展之后，已经产生了许多成熟的消费方式。从早期的街机必须投币使用；到家用游戏机购买主机，以买断制购买正版游戏；再到网游创造的免费游戏模式，一直延续到手游；市场上还出现了服务型游戏（Gams as a Service，GaaS）的概念。不同的游戏方式造就了不同的游戏消费行为，这些消费行为的变迁，背后是游戏文化的发展、消费者观念的改变、网络环境的变迁。

一　前互联网时代的游戏

在 20 世纪，电子竞技的概念还从未被人提起过，只有游戏电子游戏风靡一时。在欧美地区以及日本，家用游戏机、掌上游戏机是人们游玩电子游戏的最佳途径，例如雅达利 2600、雅达利 5200、任天堂 NES、GAMEBOY 等。这些游戏机一般本体价格较为昂贵，而且在购买后还需要再购买游戏，才能在该平台上进行游戏。在这之后，随着互联网出现，家用游戏主机、

图 2-3-1 雅达利 2600

掌机可以开始通过接入互联网实现联机、购买数字版游戏等功能。但此时,游戏消费行为仍旧是较为单一的,在购买游戏主机、掌机以后,购买买断制游戏就是唯一的消费行为了。在电子游戏发展的早期阶段,无论是游戏厂商,还是游戏玩家,都认为游戏就应该是一件商品,消费者一次购买后,就可以完整地体验游戏内的全部内容。

二 免费模式——网络游戏的崛起

随着互联网逐渐进入普通人的生活,免费这一互联网最基础的商业模式,也进入了游戏领域,网游——这一秉承着免费理念的游戏,席卷了游戏行业。在 2000 年前后,出现了一批"免费"的游戏,《传奇》《无尽的任务》《天堂》等。在这之后,中国玩家耳熟能详的《穿越火线》《地下城与勇士》《跑跑卡丁车》《劲舞团》等也相继出现。

图 2-3-2 地下城与勇士和跑跑卡丁车

相较于前互联网时代的电子游戏,网络游戏以"免费"模式出发,却在之后取得了比买断制游戏更加辉煌的收入。虽然玩游戏是完全免费的,但是游戏的设计者们非常"贴心"地设计了许多付费点。我们一一讨论这些不同的付费点。

(一) 游戏道具收费

最常见的收费模式就是游戏道具收费,游戏道具多种多样:装饰性的道具,例如皮肤、头衔、头像等;功能性的道具,例如加速升级速度、人物属性增强等;还有各类游戏内的货币。这些道具存在的目的,就是为了满足消费者不同的需求。

(二) 游戏时长收费

按游戏时长收费模式的游戏并不多见,最具代表性的就是《魔兽世界》(见图 2-3-3)。作为网游发展历史上的里程碑,《魔兽世界》除了在游戏性上傲视群雄外,盈利方式也与同时代的网游不同。《魔兽世界》采取的是按游戏时长收费的游戏模式,而游戏内的所有道具不再需要二次付费获得。

图 2-3-3　魔兽世界收费模式

随着游戏设备的进步、网络技术的发展,网络游戏逐渐将载体转换到了移动端设备——手机上。在当下,手机游戏可以说是最热门、盈利能力最强、迭代速度最快的游戏了。随着手机端电竞的火热,除了原本网游中的各种消费行为,许多新的衍生消费也被创造了出来。

网游、手游之所以可以被如此多人接受,创造巨大的盈利,离不开免费模式的成功。免费是如今人人皆知的概念,也是互联网最基础的商业模式。现如今中国市场上绝大多数的游戏都是免费的。了解为什么如今免费模式如此受欢迎,是非常重要的。

1. 免费的前提——一定存在一个双边市场

"双边市场"的概念在传统行业早就存在了,比如酒吧对女生免费,有些城市的溜冰场也对女生免费。这里的双边市场,一个是男性,一个是女性,如果男性不去酒吧和溜冰场,那么这个市场就不存在。

尝试提炼一下概念,任何附带一定社交属性的市场合都可以对年轻的女孩子免费,这个市场的前提是,多增加一些用户,并不会增加更多成本。

这里有一个重点,即"具备社交属性",比如网吧和饭店就不那么合适,社交属性薄弱不说,卡座也是非常稀缺的资源,但是健身房就很合适。

2. 免费的价值在于降低门槛,带来流量

超市经常有免费限量领取青菜,吸引大量的人排队,然后顺便就买了其他有利润的商品。只要有了人流,零售商就可以把自己的货架、展位卖给生产商。

在大多数的情况下,相比收费,免费是一种让人们无法拒绝的选择。

三　服务型游戏的收费模式

所谓的服务型游戏,严格意义上来说并不是一种游戏类型,而是指近几年来根据游戏后续更新来获得持续关注与热度的游戏,这些游戏在发售初期只有类似于框架的半成品,再后续更新当中追加内容来满足游戏的完整度,提高游戏的可玩性。

最初的服务型游戏是什么已经很难考证了。服务型游戏的出现,在一定程度上是受到了网游的影响。在网游依靠着免费模式拉升游戏营收的时候,传统的买断制游戏制作商发现,如果不改变自身的商业模式,将很难与网游抗衡,服务型游戏就应运而生。

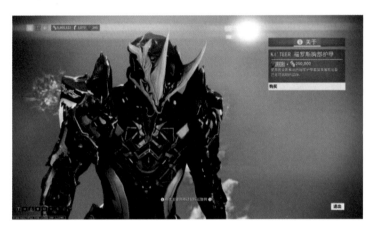

图 2-3-4　DLC

原有的买断制游戏存在一大问题,就是消费者的付费是一次性的。对于游戏的制作发行商来说,长期的投入只能得到一次付费,与网游相比付费点太少。于是,游戏开发者开始制作游戏的 DLC(Downloadable Content),也就是追加内容下载包,通过售卖付费的 DLC,这些买断制游戏实现了多次付费的可能性。服务型游戏则在此之上更进一步,将 DLC 变为不断为游戏更新内容。在初期投入几个小时的游玩之后,服务型游戏的后续更新会让玩家进行持续游玩,玩家在游戏中投入的时间成本越高,脱离的成本也会变得越大,进而变成一个固定用户。相比较短期的单机游戏,服务型游戏更能够让用户持续留存下来。而用户留存下来后,就会有更高的概率为后续的更新内容付费。

实战训练　根据本任务所学的内容,将你玩过的游戏进行分类,按照买断制、免费游戏(道具收费、时长收费)、服务型游戏进行分类,描述你游玩这三类不同游戏时的感受并分析它们对你的消费行为有什么影响。

任务 3.2　赛事消费分析

任务目标

(1)了解电竞赛事的基本模式。

(2) 了解消费者在赛事各个阶段的消费行为。

在电竞成为当代人生活的一部分之后,电竞比赛也开始走入大家的视野。电竞赛事是将电子游戏体育化后诞生的新业态,从 20 世纪末开始,电竞赛事就已经初具雏形。在二十年的发展中,电竞赛事的形态也与最初相比发生了巨大的改变。现如今,电竞赛事也成为电竞消费者绝不会错过的重要活动,他们在电竞赛事中的消费行为也引起了行业的注意。

一 电竞赛事的两种模式

(一)第三方主导的电竞赛事——以 WESG2016 为例

图 2-3-5 所示的 WESG2016 这样一个在 2016 年横空出世的涉及多个项目的全球电竞赛事,能够取得如此大的关注度,与它的主办方、第三方组织者——阿里体育的支持有直接的关系。此次赛事的总奖金额达到了 550 万美元,这都来自赞助商提供的资金支持。除了阿里系的支付宝成为赛事的冠名商,WESG2016 还与常州奥林匹克体育中心达成战略合作,由常州奥林匹克体育中心承办 WESG2016 的线下赛事。WESG2016 的顶级合作伙伴和首席赞助商分别为爱又米和钱站,这些都不是传统的电竞赛事赞助商,而是新兴的互联网金融平台。由于阿里体育在电竞赛事上的经验较少,阿里体育选择与专业的赛事制作方 imbaTV合作共同举办 WESG。

图 2-3-5 WESG2016

WESG2016 作为一个第三方赛事,在它的赛事产业链中(见图 2-3-6),核心企业就是赛事赞助商。一般来说,不属于游戏行业的企业选择赞助并举办一项电竞赛事,其目的都是扩展企业自身在全球范围内的影响力,因此 WESG 选择比赛项目主要依据是游戏在世界范围内的影响力和玩家数量。WESG2016 有四个比赛项目,分别是 DOTA2、CSGO、星际争霸Ⅱ和炉石传说,整个赛事经历了亚太区总决赛、欧洲区总决赛、非洲中东总决赛、美洲区总决赛、中国区总决赛和最终的全球总决赛,一共有 84 名选手和 82 个俱乐部参与到最终的总决赛。在 9 个月的比赛过程中,WESG 通过国内外共 13 个直播平台进行直播。在 2016 年的绝大部分时间里,玩家都可以通过各种方式收看到 WESG 的比赛。

在整个 WESG 的办赛历程中,阿里体育一直以很强势的姿态在主导整个赛事的走向。首先,为了让整个赛事向传统体育进一步靠拢,WESG 规定所有参赛选手与队伍(俱乐部)必须代表国家参赛,尤其是参加团队比赛的俱乐部必须统一由一个国家的选手组成。这在电子竞技赛事 20 年的发展历史上尚属首次。尽管这样的规定引起了一些俱乐部的抗议和不满(主要是欧洲的许多俱乐部,因为它们的选手大多来自欧洲各国),但是阿里体育并没有在这一点上退让,这在传统的由游戏厂商主办的赛事中是很罕见的。

赞助商主导的赛事最大的特点就是赞助商有绝对的话语权,在游戏项目的选择、赛事规则的制定上,赞助商首先考虑的是自身的利益,即这样做能否提升自身的影响力(例如 WESG),又或是能否持续盈利。如果这两点都无法达成,赞助商会毫不犹豫地撤出资金,就比如连续赞助 WCG 长达 11 年的三星电子,由于自身业务的转型(由电脑硬件向移动领域转型),就停止了对 WCG 的赞助,这项电竞赛事中的"奥运会"就立刻停办了。

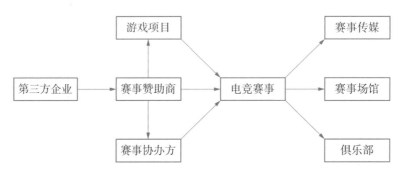

图 2 - 3 - 6　赞助商主导的赛事的纵向产业链

(二) 第一方主导的电竞赛事:以 DOTA2 国际邀请赛(TI)为例

由发行商主导的电竞赛事产业链与赞助商主导的第三方赛事有着本质上的不同,发行商会对比赛项目做出异常严苛的限制,例如 DOTA2 国际邀请赛(以下简称 TI)就是专门为 DOTA2 项目设置的赛事。TI 的举办目的就是为了在世界范围内继续推广由 Valve 发行的 DOTA2,为此 Valve 在 2011 年举办第一届 TI 时不惜以 100 万美元的奖金池吸引全世界的关注。从目前的结果来看,这一举动无疑是成功的,时至今日,DOTA2 已经成为全世界最热门的电竞项目之一,DOTA2 上海超级锦标赛吸引了约 10 000 名观众前往上海源深体育馆观看线下赛事,同时在互联网上,总共有超过 6 000 万观众观看了比赛。

高额的赛事奖金可以吸引全世界的顶尖选手参赛,提升比赛的观赏性,进一步增强观众的观赛体验。在这种情况下,TI 的知名度随着观赛人数的大规模上升而进一步扩大,愿意转播 TI 的媒体也越来越多,广告与赞助收入也随之而来。这就形成了一种良性循环。但是随

图 2-3-7　DOTA2 国际邀请赛

之而来的问题就是,如此高额的奖金逐渐成为举办比赛的负担。为此,Valve 推出了举办电竞赛事的新思路——众筹模式,由消费者出资支持游戏举办。Valve(维尔福公司)在 DOTA2 游戏中出售一种提供多功能道具的观赛指南,购买这个虚拟道具收入的 25% 将会直接进入当年 TI 的奖金池(见图 2-3-7)。这一举措实施后,消费者的参与对 TI 的举办起到了决定性的作用。由于观赛指南制作精良,加上消费者愿意支持自己喜爱的赛事和队伍,观赛指南的销量直线上升,带来的影响就是奖金池的高涨。2016 年举办的 TI6 总奖金接近 2 100 万美元,2017 年的 TI7 总奖金更是达到了 2 400 万美元,冠军战队可以得到 1 000 万美元的奖金。这在整个体育运动史上都是绝无仅有的。

　　如图 2-3-8 所示,发行商主导的电竞赛事最大的特点就是不以营利为主要目的。对于游戏发行商来说,举办赛事最终的目的是提升自己产品的影响力,号召更多的玩家参与到游戏中去,举办赛事就好比是一个"广告",意在获取目标玩家群体的关注。为此,发行商往往会不计成本地举办比赛,保障举办观赏性高、影响力大的比赛是第一要务,营利则是次要的。类似 Valve(维尔福公司)一样采取玩家众筹的赛事还是少数,目前大多数的游戏发行商仍然在"赔本赚吆喝"。

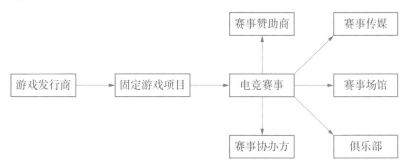

图 2-3-8　发行商主导的赛事的纵向产业链

二 电竞赛事消费行为

无论是第一方还是第三方赛事，都在随着时代不断发展，也诞生了许多新的赛事模式，但是万变不离其宗，赛事举办的核心目标，一是提升游戏、赛事的知名度，服务于核心玩家；二是吸纳更多的普通玩家，培养他们对游戏、赛事的忠诚度；三是通过赛事以及相关活动盈利。根据赛事举办的阶段，我们一一分析电竞赛事中的消费行为。

（一）赛事筹备阶段

在电竞赛事的筹备阶段，主办方是没有任何收入的，布置比赛场地、前期准备工作，都需要大量的支出。不过，在 Valve 公司推出了勇士令状之后，这一尴尬的局面就被巧妙地化解了。在充分利用了电子游戏的特性之后，这类勇士令状可以在大型赛事之前，为主办方获取大量的资金。从消费者的角度来看，勇士令状可以为他们提供相当丰厚的游戏内外奖励道具，这使得消费者更有动力在游戏内消费；在赛前开始售卖的勇士令状，可以为游戏、赛事不断产生话题与吸引力，获取更多的新老玩家回到游戏中；勇士令状的一部分收入会进入赛事的奖金池，也会让消费者更有参与感，在后续阶段会更加关注赛事。勇士令状这一形式的活动现在已经被许多大型赛事效仿，事实也证明，这一举动确实对于赛事的举办非常有利。除此之外，现在的赛事举办之前，还会有许多线上线下活动同步举办，例如微博话题、线下打卡等，都是希望让消费者更加关注赛事。

（二）赛事举办阶段

赛事举办阶段无疑是最重要的，在这一阶段，几乎所有游戏的核心玩家、轻度玩家都会关注赛事的走向。在这个阶段，观赛者也会有较高的消费意愿。此时也是游戏内活动最频繁的时刻之一。例如推出优惠券、新活动吸引消费，各个不同的赛事都会针对这个阶段推出各种不同的活动。

（三）赛事收尾阶段

在电竞赛事落下帷幕之后，大多数游戏还会准备一系列收尾活动，趁着观赛的热情还未消退，刺激消费者进行消费。例如，每年的英雄联盟 S 赛结束之后，都会有冠军队伍的定制皮肤出售，该战队的粉丝就会有很高的购买可能性；再比如说，《王者荣耀》在重大的赛事结束后，除了推出各种皮肤外，还会开展一系列全英雄限免活动，提升玩家活跃度，同时，玩家在体验某些英雄后也会有购买的冲动。这些都是吸引消费的手段。

实战训练 挑选一个第一方电竞赛事和一个第三方电竞赛事，针对赛前、赛中、赛后三个阶段分析它们针对消费者举办的活动，讨论它们是如何促进消费者消费的，两种赛事存在哪些不同？阅读以下材料，并思考电子竞技在中国未来的发展。

《电子体育的一些讨论》

体育

《中华人民共和国体育法》对中国体育的发展、类型、规定作了详尽的解释,确定了发展体育运动的目标——发展体育事业、增强人民体质、提高体育运动水平,促进社会主义物质文明和精神文明建设。

体育(physical education,缩写 PE 或 P. E.),是一种复杂的社会文化现象,它以身体与智力活动为基本手段,根据人体生长发育、技能形成和机能提高等规律,达到促进全面发育、提高身体素质与全面教育水平、增强体质与提高运动能力、改善生活方式与提高生活质量的一种有意识、有目的、有组织的社会活动。随着国际交往的扩大,体育事业发展的规模和水平已是衡量一个国家、社会发展进步的一项重要标志,也成为国家间外交及文化交流的重要手段。

体育运动能够在现如今广泛地被社会大众接受,奥林匹克运动会是功不可没的。经过了长达百年的发展,奥运会所代表的现代体育已经在世界各地生根发芽。而奥林匹克"更高、更快、更强"的自我挑战精神以及"相互理解、友谊长久、团结一致和公平竞争"的奥林匹克精神,则是体育精神、民族精神和国际主义精神的完美融合。

电子竞技

电子竞技(Electronic Sports,e-sports)是进入 21 世纪以来快速崛起的一种文化形态,这一文化形态正在风靡世界,产生极为广泛而深刻的社会影响。2017 年 10 月,国际奥委会在第 6 届峰会上宣布,同意将电子竞技视为一项"体育活动"(Sporting Activity),这标志着电子竞技赛事真正被主流社会所接纳,电子竞技赛事的体育赛事身份也得到了承认。

电子竞技是体育下属的一个部分。电子竞技,其实是在借助电子设备、互联网的条件下,由运动员进行的一种特殊的体育运动。它和传统体育在本质上没有区别,只是在表现形式上,和我们熟知的传统体育差异巨大。

电子体育

如果在体育和电子竞技的基础上,重新思考电子体育的概念,有以下几点需要探讨:

1. 电子体育是另立门户,还是依旧归属在传统体育之下。

电子体育的概念并不等同于电子竞技。电子竞技是借助互联网技术实现的不同形式的体育。但电子体育这一概念是比较超前的。例如电影《铁甲钢拳》中描绘的未来世界中,由机器人参与的拳击比赛的故事。这就是未来可能出现的电子体育的一种形式,即完全由机械电子设备参与的比赛形式。但是这就会产生一些问题,首先,与体育相关的诸如奥林匹克精神还能不能适用于这种形式的电子体育。我们是不是要从源头重新对电子体育及它代表的精神做一些思考? 毕竟,奥林匹克之所以能在世界范围内传播,也是受益于它所提倡的奥林匹克精神得到了大多数人的认同,现代体育也由此在全世界推广。如果我们只是单纯地提出了电子体育的概念,而不对它背后能够代表的思想做出解释,电子体育最终只能停留在概念上。

电子体育应该在体育的内涵上发展。体育是一种对社会有正面效应的活动,电子体育首先也应当对社会在某些方面产生正面效应,可以是身体上的、也可以是思想上、精神上的。其次,体育的受众相当广泛,可以说只要在心理上不排斥,任何人都可以参与到体育活动中去。相比之下,目前的电子竞技还只是少数人的盛会,电子竞技的载体——电子游戏在大众参与的时候,其性质就从体育竞技项目变成了网络游戏。电子体育如果想要像传统体育那样,向大众推广,势必要让大众参与者能够清晰地感受到,自己所进行的是一场竞赛、而不是游戏。此外,体育如果在正确的指导下进行,那么对个人也会产生正面效应。正确的引导是非常必要的,例如过度运动会对身体造成损伤。电子体育需要解决这个问题,即如何说服大众,正确地参与会对他们带来裨益。

2. 电子竞技带来的负面影响

无论业内人士愿不愿意承认,作为玩家本身,整个社会目前对于电子竞技一直存在着偏见。一方面,过去国内官媒的宣传一面倒地认可"电子海洛因"这一不负责任的称呼;另一方面,体育的一大功能就是促使人们不断挑战人类的极限,并能突破这个极限,但是电子竞技如果归入到电子体育中,似乎在这一点上的作用不明显。换言之,电子竞技还是一个娱乐性质的活动。当我们从电子体育的角度去考虑时,侧重点就从电子转到了体育,那么就不得不正视下面两个问题。

一方面,随着时间流逝,年轻一代将逐步成为社会主流。在游戏文化熏陶下成长的他们应当更能够接受电子体育这一概念。另一方面,也应当更多地考虑电子竞技如何才能真正为社会、为人类带来进步。

3. 电子体育应该包含的种类

当我们跳出电子竞技,从电子体育这个更大的视角考虑时,就应该思考,究竟哪些项目可以被称作电子体育。首先需要明确的是,电子体育也应该秉承奥林匹克精神(或是由它衍生而来的某种指导精神),电子体育世界必须有一个正面、完善、实用的"世界观"。在这个基础上,通过人机交互进行的具有体育精神的比赛,可以被认为是电子体育。这里的人机交互中,"机"泛指实现交互的各类电子设备,不仅仅局限于 PC、手机,也可以是体感设备、可穿戴设备甚至是受人控制的机器、以及在未来可能诞生的具有 AI 的机器人。

4. 如何从电子竞技过渡到电子体育

当我们认真思考电子竞技与体育的区别时,归根结底在于媒介的不同。电子游戏作为电子竞技项目最重要的一环,目前来看仍然是不能被忽视的。电子竞技过渡到体育最关键的环节,是交互方式。电子游戏是市场的产物,电子竞技同样如此。它们都会选择利益最大化的方式,以自己的逻辑搭建一个交互方式,这个交互方式以游戏软件的形式实现。电子体育在未来,绝对不能忽视软件的作用。甚至可以说,电子体育的核心就是软件,也就是它实现交互的方式。如果制作一个游戏版的围棋,然后让柯洁和李世石参与,他们进行的仍旧是围棋,同时也是电子体育。因为内在的交互方式在逻辑上并没有变化,但是实现了手段变化。可是会有观众接受这样一种"电子体育"吗? 软件——也就是交互方式必须有足够优秀且自洽的逻辑,才能有内在的动力驱使电子体育发展,完成从电子竞技到电子体育的过渡。

现阶段更应该关注电子体育是否有诞生的环境、是否有成长的沃土、是否有存在的必要。倘若电子体育只是电子竞技的另一种写法,那就没有浪费精力的必要。但如果电子体育真的在某种意义上与我们熟知的"体育"产生了本质上的差别,那时候,才更适合讨论电子体育。

任务 3.3　衍生消费行为分析

任务目标

(1) 对电竞衍生出的新兴消费行为有深入的了解。

(2) 对各类衍生消费行为的消费方式、消费人群有一定的了解。

在电竞不断发展、破圈、融合的当下,电竞包含的内容早已不局限于游戏之中,互联网时代的浪潮涌来,许多的行业都在融合中产生了新的生态。对于电竞来说亦是如此,直播、外设、周边、陪玩……越来越多的行业与电竞发生了联系,电竞消费者面对的已经不是早年单纯的游戏充值,他们拥有越来越多的选择。

一　电竞直播消费分析

斗鱼、虎牙、战旗、bilibili、twitch、YY……这些耳熟能详的名字,代表了一个迅速崛起的互联网行业——直播。所谓游戏直播,顾名思义,就是展现主播进行或解说电子游戏及电竞比赛的实时视频内容服务。游戏直播平台则是指直播内容以游戏直播为主的网络直播平台(见图 2-3-9)。游戏直播平台上进行直播的播主(Streamer)就是主播。2019 年中国独立游戏直播平台市场规模达到 208 亿元。整体市场规模快速扩张,平台盈利能力持续提升。

在经历了长期的发展后,游戏直播已经成为电竞不可或缺的一环,游戏直播也已经形成了非常完善的产业链(见图 2-3-10)。

最常见的直播消费行为就是打赏主播,目前,打赏的渠道、形式愈发多样,打赏的道具也很多,例如月卡、爵位系统,按照打赏的金额形成排行榜,鼓励消费者消费,但是核心目标是相同的,即鼓励观看直播的观众转化为消费者,为喜欢的主播打赏,平台则可以在此过程中得到分成。另一种则是通过广告转化消费者,各个直播平台都会有官方对接的广告商,其发行的广告会展示在网页、App 首页、直播页面两侧,其目的就是在潜移默化中影响消费者的心智,吸引他们消费。

图 2-3-9　电竞直播平台发展阶段

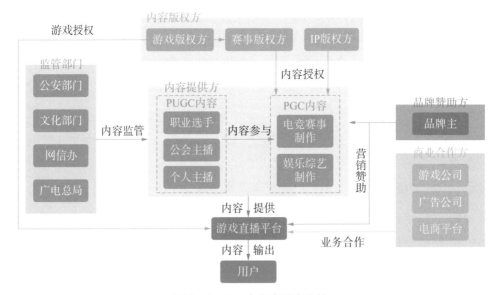

图 2-3-10　电竞直播产业链

二　电竞外设消费分析

图 2-3-11 所示的电竞外设，是指一系列为电竞需求诞生的硬件产品，例如显示器、鼠标、键盘、耳机……曾几何时，这些硬件生产商都在被一个问题困扰：怎么让更多没有消费需求的人购买自己生产的产品？当电竞火遍全球之后，这些硬件厂商发现了一个完美契合自身产品的消费者群体——电竞消费者。雷蛇、罗技、Cherry、ikbc、阿米洛、卓威、华硕……既有传统的老牌硬件厂商，也有新兴的硬件厂，他们都发现了这其中的机会和巨大的消费

潜力。

图 2 - 3 - 11 电竞外设

在目前的市场上,外设产品的价格低至几十元,高至上万元,这些形形色色的外设产品都有自己的拥趸。购买它们的消费者群体,可以按照不同的消费行为分为三类:

① 情感体验消费行为:追求个性化的消费体验,价格不是天花板,创新创意的设备才是新的宠儿。

② 行为主义消费行为:消费易受群体影响,追求大牌。对企业而言,加强品牌宣传,仍是王道。

③ 传统消费主义影响:产品的质量与价格仍然受到关注。

三 电竞陪玩消费分析

陪玩是一个非常独特的消费行为,它售卖的是一种人的服务,在各类陪玩平台上,你可以找到各种段位、类型的陪玩。有些陪玩游戏水平很高,一些消费者选择它们是为了带自己"上分";有些陪玩幽默风趣,选择它们的消费者是为了排解一个人游戏的无聊。可以说,陪玩这一产业的诞生,就是为了满足不同类型消费者的需求(见图 2 - 3 - 12)。如果我们把这些需求分类,就会发现,消费者选择陪玩的各种需求和马斯洛需求层次理论非常契合。

马斯洛认为,人的需要有生理的需要、安全的需要、归属与爱的需要、尊重的需要、自我实现的需要五个等级构成(见图 2 - 3 - 13)。五种需要是最基本的,与生俱来的,构成不同的等级或水平,并成

图 2 - 3 - 12 陪玩产业

为激励和指引个体行为的力量。马斯洛认为需要层次越低,力量越大,潜力越大。随着需要

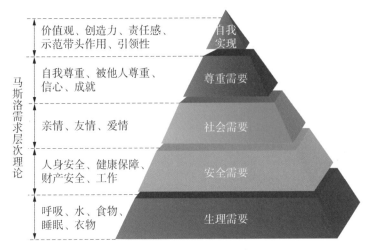

图 2‑3‑13　马斯洛需求层次理论

层次的上升,需要的力量相应减弱。高级需要出现之前,必须先满足低级需要。在从猿到人的进化中,高级需要出现得比较晚,婴儿有生理需要和安全需要,但自我实现需要在成人后才出现;所有生物都需要食物和水分,但是只有人类才有自我实现的需要。低级需要直接关系个体的生存,也叫缺失需要(deficit ordeficiency need),当这种需要得不到满足时直接危及生命;高级需要不是维持个体生存所绝对必备的,但是满足这种需要使人健康、长寿、精力旺盛,所以叫做生长需要(growth need)。高级需要比低级需要复杂,满足高级需要必须具备良好的外部条件:社会条件、经济条件、政治条件等。

电竞陪玩的消费者群体可以划分为以下几类:

① 希望提高自己的游戏内段位,寻求更厉害的陪玩带自己"上分":这一类消费者是希望满足自己的尊重需要,通过提升自己在游戏内的段位,使得自己在他人眼中显得更有能力、更有价值。

② 希望排遣孤独,寻求陪玩的陪伴:这一类消费者是基于社会需要的需求,产生了寻找陪玩的消费动机。对于他们来说,有人陪伴是最重要的,一个人玩游戏则是孤独的。

③ 希望展现自己实力,获得称赞:有一些寻找陪玩的消费者,自身游戏实力过硬,并不需要"上分",但是他们仍会寻找陪玩。这时候,这样的消费者期盼的就是能够听到陪玩对自己水平的称赞和肯定,以此满足自我实现的需求。这一类消费者花费了大量时间提升自己的游戏水平,在超越了大多数人后,如果得不到正面的反馈,就很难坚持。此时寻找陪玩,通过互动对自己的实力进行肯定,满足自我实现的需求。

实战训练

选择一个直播平台、外设厂商或是陪玩 App 进行案例分析,着重分析他们的目标消费群体、盈利模式、产品形式。

项目 4
电竞消费行为实践运用

知识目标

（1）了解电竞消费行为的分类方式。

（2）了解电竞消费者的满意度与忠诚度测评。

（3）掌握电竞消费活动的设计。

课前案例

在 2019 年的 DOTA2 国际邀请赛（TI9）上，OG 战队击败了 Team Liquid 战队获得了冠军，收获了超过 1500 万美元的冠军奖金，创造了电竞史上的又一个纪录。这 1500 万美元是怎么来的呢？原来，早在 TI9 开始前三个月，DOTA2 的游戏客户端内就推出了 2019 年勇士令状（Battle PASS），购买并升级勇士令状，可以得到非常丰厚的游戏内道具奖励，包括语音、皮肤、至宝、音乐包等大量独特的游戏内虚拟道具，而所有相关的销售收入中的 25％，都将会进入 TI9 的奖金池，也就是说，TI9 最终奖金池内的 3300 万美元，都是由游戏玩家贡献的，而这，仅仅是其中的 25％（见图 2－4－1）！

图 2－4－1　DOTA2 国际邀请赛奖池

当 TI9 经过线上预选赛阶段，进入线下赛阶段之后，各路选手齐聚上海，在梅赛德斯奔驰文化中心开始最后的厮杀。在这个阶段，门票成为玩家们疯抢的稀有物品。TI9 的门票价格为：普通套票一：8 月 20—21 日，售价 499 元；普通套票二：8 月 22—23 日，售价 499 元；决赛套票：8 月 24—25 日，售价 2099 元。总计 3000 元人民币的价格，就能够一睹顶尖电竞赛事,玩家们自然不会吝啬自己的钱包(见图2-4-2)!

图2-4-2　赛场观众

　　而在赛事举办时,观众们需要在场馆内待上整整一天观赛,现场还设置了许多"神秘商店",用来贩卖游戏周边商品,热情满满的观众也没有放过这个难得的机会,购买了许多自己心仪的周边商品。

　　而那些没有抢购到门票的观众则只能在线上观看比赛,在直播平台为自己支持的战队刷弹幕、送礼物。

　　一场电竞赛事,涵盖了几乎所有的电竞消费行为。

任务 4.1　电竞消费者消费行为类型

任务目标

　　(1)能从不同类型对电竞消费行为进行分类。

　　(2)了解不同消费行为的特点。

任务描述

　　电竞消费行为多种多样,我们需要先按照一定的标准对其进行分类,才能更好地针对不同的消费行为进行有针对性的营销。

一　电竞消费行为的分类

　　对电竞消费行为的分类有许多角度,例如,从消费场景的角度来分类,可以分为游戏内、游戏外消费;从消费结果来看,可以分为虚拟消费和实体消费;从消费长度来看,可以分为一次性消费和持续性消费。分类的方式非常多样,图2-4-3就提供了一种分类方式。

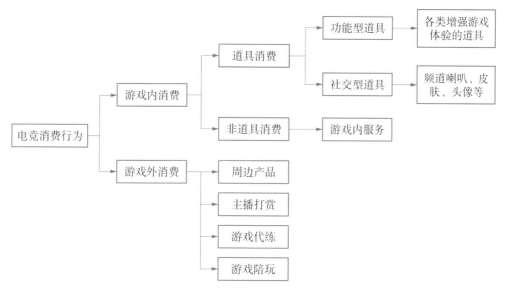

图 2-4-3　一种电竞消费行为分类方式

二　还有哪些消费行为？

　　电子竞技是一个新名词,电竞产业是一个新产业,在不断发展探索的过程中,许多新的业态产生了。当电子竞技产业和其他产业产生融合,新的消费行为也被创造了出来。举例来说,最初的电子竞技,只存在游戏内的各类型消费,例如道具、皮肤、VIP 服务等,随着直播行业的兴起,游戏外的主播打赏逐渐成为一种不可忽视的消费行为;当社交成为现代人的重要需求,游戏陪玩、游戏代练就成为一个新的消费点;与各类厂家合作的联名实体产品卖得非常火热,打通游戏内外的 VR、AR 产品似乎也正在来的路上……

　　在 21 世纪,唯一不变的只有变化,新技术、新概念、新产品的出现,都会带来新的电竞消费行为。

　　分析开篇案例中的各类社交行为,依据本章所学知识尝试为其进行分类。你还可以提出哪些分类的方法和维度?

任务 4.2　电竞消费者的满意度与忠诚度

任务目标

　　（1）消费者购后行为认知。

（2）消费者期望、产品功效、消费者满意度。

（3）重复购买和客户忠诚度。

消费者购买后会伴随一系列活动，包括使用、评价。有些顾客响应是可测量的，如再购意愿、正面口碑、顾客忠诚等。有效的客户管理和高质量的服务，是提高顾客满意度和消除不满意的重要举措。

一　消费者购后行为认知

消费者的购后行为认知如图 2 - 4 - 4 所示。

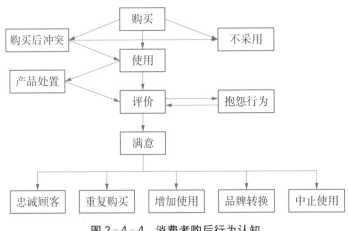

图 2 - 4 - 4　消费者购后行为认知

1. 购后冲突

对购买的怀疑和不安。购后冲突较少出现于介入度较低的名义型和有限型决策情形下。在高介入度的决策中，需要在多个有吸引力的属性中做取舍，容易导致冲突。

2. 产品使用

出于多方面的原因，营销者需要了解消费者如何使用其产品，了解产品是以功能性方式还是以象征性方式被使用，这有助于更好地改进产品设计。部分消费者会使用一种新的方式使用产品，被称为使用创新。产品新用途的出现能大幅提升产品的销量。

3. 产品闲置

消费者买了一种产品将其搁置不用，或对产品的潜在用途做有限的使用。由于许多产品的消费决策和购买决策是同时发生的，在离开购买环境的展示刺激时，消费者可能会失去使用该产品的动机。在该情况下，消费者浪费了金钱，而营销者也不大可能获得重复销售。

4. 产品处置

产品使用前、使用后以及使用过程中均可能发生产品或产品包装容器的处置。可简单分为以下几种选择，如图 2 - 4 - 5 所示。

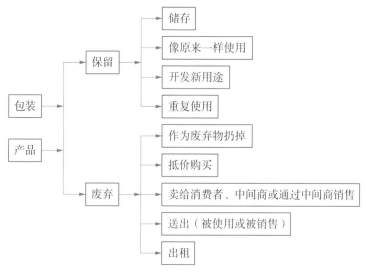

图 2-4-5 产品处置

以虚拟物品交易为例：在 Steam 市场上，玩家可以自己定价，自由交易。大到上千美元的套装，小到几块钱、几毛钱的饰品，交易的繁荣程度，绝不逊于其他购物交易平台。拿最受欢迎的《绝地求生》来说，一套以《大逃杀》电影女主角为原型的校服套装，能炒到 1 000 美元以上。在 Steam 上，玩家售出虚拟物品收入，是其定价的 85％。有 10％归属游戏厂商，5％被 Steam 抽走。如果产品闲置后有良好的产品处置方案，就可使购买过程中的顾虑更少，购后有完善的保障服务。

二 **消费者期望、产品功效、消费者满意度**

消费者期望如表 2-4-1 所示。

表 2-4-1 消费者期望

相对于期望的实际感知	期 望 水 平	
	期望低于最小欲求功效	期望高于最小欲求功效
更好	满意	满意与忠诚
相同	非满意	满意
更糟	不满意	不满意

选择某种产品、品牌或店家，是因为人们认为它在总体上比其他备选对象更好。无论是由于产品标示的功能很好还是其他原因，消费者购买某种产品时，就会对产品的功能有一定的期望。在产品、服务的使用过程中或使用之后，消费者会对产品的功效或表现形成感知。对购买的满意程度取决于最初的期望水平和相对于这些期望的实际感知水平。

当对一个品牌的感知功效符合低水平的期望时，则结果通常既不是满意也不是不满意，而是不置可否。消费者通常不会失望或抱怨,但在下次遇到类似购买问题时可能会寻找更好的产品。当对一个产品的感知功效低于期望水平,通常会导致消费者的不满。当对产品的功效感知高于最低期望水平,消费者会感到满意。满意的购买会促使消费者将来重复购买。

当消费者感到不满时,可采取多种做法。如图 2 - 4 - 6 所示。

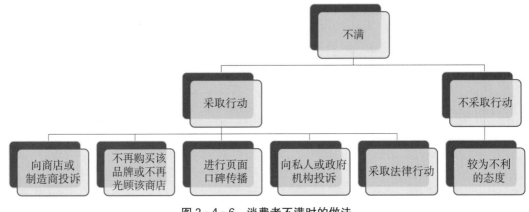

图 2 - 4 - 6　消费者不满时的做法

三　重复购买和客户忠诚度

事实上,重复购买者并不一定是忠诚客户,他们对某一品牌不一定具有情感上或情绪上的偏爱,可能只是由于习惯性或没有其他选择,而选择重复购买。即使是不满意的客户,也可能是重复购买者。可能源于搜寻成本、评估和接受另一个选择的成本过高——转换成本过高。这类客户可能会进行负面的口碑传播。

对于企业来说,忠诚型客户不仅可能花费更多的金钱,还可能帮助进行品牌营销。品牌忠诚有多种来源,品牌认同、品牌舒适、品牌愉悦。

① 品牌认同:消费者认为该品牌反映或强化了其自我概念的某些方面。

② 品牌舒适:消费者对服务的提供者和服务感到平静和安稳。

③ 品牌愉悦:该产品的功效高于客户预期。

实战训练　请结合电子竞技产品或活动中的一些常见组成要素,参考下表,构建消费者调查问卷。

	总的来说,我对这个网站很熟悉。
熟悉网站(FAM)	我熟悉在这个网站上搜索项目。
	我熟悉从这个网站购买的过程。
	我熟悉从这个网站购买产品。

存在第三方认证 (TPS)	喜欢从携带此类认可的网站购买。
	第三方认证让我感觉更舒服。
	第三方认证使我在隐私方面感觉更安全。
	第三方认证让我觉得交易更安全。
感知隐私保护(PPP)	我很担心本网站收集了太多的个人信息。
	未经我的授权,此 Web 供应商将把我的个人信息用于其他目的。
	未经我的授权,此 Web 供应商将与其他实体共享我的个人信息。
	未经授权的人(即黑客)可以访问我的个人信息。
	我担心交易过程中我个人信息的隐私。
	未经我的许可,此 Web 供应商会将我的个人信息出售给他人。
感知安全保护(PSP)	此 Web 供应商实施安全措施以保护 Internet 购物者。
	此 Web 供应商通常确保在 Internet 上传输时保护事务信息不被意外更改或破坏。
	我对这个网络供应商的电子支付系统感到安全。
	我愿意在我们的网站上使用我的信用卡进行购买。
	我觉得在本网站上进行交易是安全的。
	通常,通过此站点提供信用卡信息比通过电话向离线供应商提供信息卡信息更具风险。
信息质量(IQ)	本网站提供有关我要购买的商品的正确信息。
	总的来说,本网站提供了有用的信息。
	本网站提供有关该项目的及时信息。
	本网站提供可靠的信息。
	当我尝试进行交易时,本网站提供了足够的信息。
	我对本网站提供的信息感到满意。
	总的来说,本网站提供的信息质量很高。
网站声誉(REP)	这个网站是众所周知的。
	本网站享有良好声誉。
	这个网站供应商以诚实为荣。
	我熟悉这个网站的名称。
消费者信任倾向 (CDT)	我一般都信任别人。
	我一般都相信人性。

续　表

消费者信任 （TRUST）	我觉得人们一般都很可靠。
	我一般都信任别人，除非他们给我理由不这样做。
	这个网站值得信赖。
	该网站供应商给人的印象是它保持声誉和承诺。
	我相信这个网站供应商在考虑我的最大利益。
感知风险（RISK）	与更传统的购物方式相比，从本网站购买将涉及更多的产品风险（即不工作，有缺陷的产品）。
	与更传统的购物方式相比，从本网站购买将涉及更多的财务风险（即欺诈，难以退货）。
	您如何评价您对该网站的整体风险感知？
感知利益（BENEFIT）	使用本网站很方便。
	我可以通过使用本网站省钱。
	我可以通过使用本网站节省时间。
	使用本网站使我能够比使用传统商店更快地完成购物任务。
	使用本网站可提高我的购物效率（例如，做出购买决定或在最短的时间内找到产品信息）。
购买意向（意图）	我很可能会在这个网站上购买产品。
	我可能会向朋友推荐这个网站。
	如果我需要我会购买的产品，我可能会从这个网站再次购买。

阅读扩展阅读中的评测文章，思考一个问题，同样类型的游戏如何提升玩家的忠诚度和满意度？

扩展阅读

实况足球 2020 全面评测：大幅改善的大师联赛，以及依旧孱弱的线上模式

尽管 PES 可能被认为与 EA 庞大的 FIFA 系列相差甚远，但近年来它已经给人留下了自己独特的印象。该系列的独特游戏玩法因其模拟驱动的品质而受到多次赞誉，并且它的游戏画面效果以及版权的质量，也在近些年里有了飞跃式的提升。

最新发布的系列作品：实况足球 2020，则将所有这一切提升到了一个新的水平，从而使这款游戏更加成熟和真实。虽然这个系列的死忠们仍然有些不满，但实际上，这一代 PES 2020 做得比以往都好，这使得它成为 PES 和 FIFA 游戏迷们的新宠。

由于游戏的在线服务器在发布之前都无法登录，我们将首先为大家展示 PES 2020 的离线游戏内容。

新特性

PES 2020 与上一代作品的一大区别就是：在球场上融入各种新功能，包括新动画，以及对平衡性的大幅度改善。结果就是，PES 2020 是一款充满现实感的游戏，玩家需要挑战自己，以更加真实的足球风格取代随意且匆忙的进攻和不切实际的跑位。

以传球为例，PES 2020 增加了一个准确度系统，通过对不假思索的传球和射门进行惩罚来减少玩家的错误踢法。当玩家操控的球员进行快速转身的动作并传球时，你通常会发现球被转移到了错误的方向，这也就迫使着玩家更加谨慎地思索如何建立进攻和射门的机会。游戏中足球的模型也更加贴近现实，它们会以真实的方式旋转并转向。这一物理特性可以与一系列最新的球员动作结合，为玩家提供更加富有创造力的进攻机会。玩家操控下的球员可以提出更具弧度的弧线球，更加妖异的传中，并最终达成一些令人难以置信的进球。总之，新的物理系统鼓励玩家最大限度地发挥创造力。

本作的球员 AI 在个别情况下会出现无法响应的问题，例如无法拦截一些很明显的传球，或是无法带球前进。不过，这些情况在实机游戏中并不会经常发生，此外，AI 的表现令人惊奇。本作的 AI 将会成为增强游戏真实感和吸引力的一大助力。

版权

今年关于 PES 2020 球队版权的大新闻只有一个,那就是尤文图斯的独家版权。本作在对意甲豪门的还原相当出色,包括对安联体育场的完美再现,以及最新的球员模型和面部扫描。当你得分时,你甚至可以从他们的进球庆祝音乐 Chelsea Dagger 中获得鼓舞。

此外,包括曼联和拜仁慕尼黑在内的大部分版权也被 PES 2020 收入囊中,这也意味着老特拉福德球场和安联球场也可以在游戏中被玩家体验到。正如玩家所期望的那样,这些竞技场在游戏中看起来非常棒,并且具有令人惊叹的空中拍摄和独特的球员通道过场动画。经过改善的灯效和草皮细节进一步提升了体育场内的观感。

不幸的是,游戏演示中的解说就不那么令人印象深刻了。最大的问题就在于,英文解说词仍旧有重复与过时的问题,有一些无谓的短语,例如"there's still time for some ebb"。另一方面,一些观众的歌声有助于产生独特的氛围感(特别是在南美洲),但过时的播音员肯定需要调整。

值得注意的升级是添加了新的默认摄像机角度。它提供了比旧的"宽动态范围"更真实、更类似电视的视图,并可根据需要灵活适应各种情况,例如放大和缩小。一旦你习惯它,它就能帮助你改善游戏体验,提供更大的视野,并大大增加沉浸感。

大师联赛

相较于旧版本,PES 2020 的离线模式基本保持了传统,大师联赛则是个例外。该系列曾经流行的经理模式近年来已经变得陈旧,几乎没有重大升级,但这次,一切都发生了变化。

到目前为止,最大的新功能是增加了详细的过场选项。从新闻发布会到德比日,这些都会定期出现;一些过场是互动的,并为玩家提供多项选择回复。例如,你的答案可能会对你的季节性目标产生影响,而某些决定可能会影响球员的士气,但令人失望的是,很多这些场景只是起到了装饰效果,从长远来看影响不大。

也就是说,开发商仍然做了许多工作以提升游戏体验。大师联盟今年还包括一些其他令人愉快的新功能,例如更具视觉吸引力的主菜单和可定制的赞助商标识。此外,它集成

了更真实的数据,而改进的自定义选项允许您修改财务预算和难度级别等内容。

作为额外的奖励,您甚至可以扮演各种传奇经理。迭戈·马拉多纳(Diego Maradona)和约翰·克鲁伊夫(Johan Cruyff)等人都可以在游戏中成为你的化身,并且在过场中占据重要地位。这样做的代价是无法创建自己的经理人物模型。似乎科乐美的新的过场动画系统有所限制——他们希望只需在启动时选择相对较少的预设模型。

在线功能

除了对抗和合作等常见的模式之外,今年还有一个全新的在线模式,名为 Matchday。它采用锦标赛的形式,要求您加入双方中的一方(例如主场或客场)并玩游戏以赢得积分。在一个四小时的窗口期结束时,每一方的代表都会被选中参加一场盛大的决赛。

随着你获得分发的 GP 货币,硬币和球探,这会是一个相当愉快的模式(特别是如果你是一个 myClub 的粉丝)。然而,Matchday 的一个大问题是它的时间限制。玩家可以玩这种模式的时间被限制在一个固定的时间段,因此这个模式只适合那些有充足时间的人。

myClub 的模式依旧沿袭了过去。除了一些微小的界面变化,以及获得专属套件的功能之外,没有太多的补充。尽管如此,它仍然是一种引人入胜的模式,提供了合理数量的游戏方式——尽管如此,希望明年能看到离线玩家重新回归游戏并拥有更多的选择。

在联网对战,玩家仍然会遇到奇怪的延迟。当你无法过滤你的对手时,这些延迟会在玩某些锦标赛和合作游戏时发生。但是,对于其他在线功能,玩家现在可以提前识别其他玩家的连接等级,这会帮助减少潜在的连接问题并提高玩家获得顺畅体验的机会。

总结

总而言之,PES 2020 比之前的系列作品提供了更加智能和真实的运动。各种游戏玩法的改进打造了一个更加贴近现实的,充满创造力的系列新作,而新版权和视觉增强功能为游戏增色不少。

当然,仍有一些问题需要解决,例如过时的功能和偶尔不会响应的 AI,但除此之外,还请享受 Konami 为玩家们准备的足球盛宴——尤其是向往一场纯粹而又精彩的足球比赛的玩家们。

任务 4.3　电竞消费活动策划

任务目标

（1）了解如何进行活动策划。

（2）了解活动策划的五个原则。

（3）了解活动策划的背后的逻辑。

一　如何进行活动策划

对于一些刚接触活动策划的朋友来说,可能在书写活动策划文案时往往很难达到预期效果,甚至一些从事多年策划的专业人士,有时也难免犯错。

在策划活动时,要先根据游戏本身的实际问题(包括活动的时间、地点、预期投入的费用等)和市场分析的情况(包括竞争对手当前的广告行为分析、目标玩家群分析、玩家的心理分析、游戏特点分析等)做出准确的判断。在进行 SWOT 分析之后,扬长避短地提取当前最重要的,也是当前最值得推广的一个主题,而且也只能是一个主题。在一次活动中,不能做所有的事情,只有把一个最重要的信息传达给目标消费群体,正所谓"有所为,有所不为",这样才能把最想传达的信息最充分地传达给目标玩家群,才能引起受众群关注,并且比较容易地记住你所要表达的信息。

在确定了唯一的主题之后,玩家也就可以从活动中接受到我们所要传达的信息。不过仍然有很多人虽已看到甚至参加了活动,可活动结束后他们就转向其他游戏去了,为什么呢?那是因为他们没有看到与他们有直接关系的利益点。因此,在活动策划中很重要的一点是直接地说明利益点。如果是优惠活动,就应该直接告诉玩家他们可以从中获得哪些实惠。如果是推出游戏的新版本,就应该将最能引起玩家兴趣的卖点使劲贩卖。只有这样,才能使玩家在接触了直接的利益信息之后引起继续玩下去的冲动。

事实上,很多活动策划文案在策划活动时,特别是新手,往往希望搞很多的活动,认为只有丰富多彩的活动才能够引起玩家的注意。其实不然。其一,过多的活动容易造成主次不分。很多游戏活动搞得很活跃,但玩家并不买账,甚至搞得活动开始了,看到没玩家参加而四处去拉人。其实这里的问题就在于活动的内容和主题不符合,所以很难达到预期效果。其二,提高活动成本,执行不力。在一次策划中,如果加入了太多活动,不仅要投入更多的人力、物力和财力,直接导致活动成本的增加,而且还有一个问题就是容易导致操作人员执行不力,最终导致案子的失败。所以与其分散精力去大搞活动,不如专心把一项活动做好。

一份活动策划要做到具有良好的执行性,除了需要进行周密的思考外,详细的活动安排是必不可少的。活动的时间和方式必须考虑执行地点和执行人员的情况而进行仔细分析,在具体安排上应该尽量周全。另外还应该考虑外部环境的影响。

在进行活动策划的前期,市场分析和调查是十分必要的,只有通过对整个市场局势的分析,才能够更清晰地认识到游戏目前面对的

图 2 - 4 - 7　某游戏活动

问题以及玩家关心的问题,找到了问题才能够有针对性地寻找解决之道。同样,在活动策划文案的写作过程中,也应该避免主观想法,切忌出现主观类字眼,因为策划文案没有付诸实施,任何结果都可能出现,策划者的主观臆断将直接导致活动执行者对活动产生模糊的分析。而且,如果一项游戏活动需要其他公司或媒体的参与,这样的主观字眼会令人觉得整个策划文案都没有经过实在的分析,只是主观臆断的结果。

二 策划活动的五个原则

对于策划者来说,每项活动就是他们工作的产出。活动是什么? 活动是刺激数据最有效的手段,再直接一点,活动就是为了创造更多的利润。活动是手段,是技巧,是方法论,是最能够短期起效果达成运营 KPI 的方式,同时也是最能体现个人业务水平的事情,越是基础的工作越难,越体现功底。做好活动不像表面看起来那么简单,而是从无数种选择题中选择最适合当下情况的方案。在策划一次活动之前,你应该首先了解策划活动的五个原则。

1. 活动一定是建立在产品的基础上的

产品是活动的基础,你的活动是配合产品盈利的,绝不可以因为一项活动将你的产品改得面目全非,尤其是游戏的特色玩法动不得。

要知道活动多种多样,反反复复,倘若每次都让产品配合活动做出修改,那就失去了产品本身的娱乐意义,当商业目的全部浮出水面,对于注重产品体验的玩家来说,没有谁会愿意继续付费。

2. 活动要有明确的目的性

① 有些活动是为了提升用户留存,例如每日签到、7 日礼包等。

② 有些活动是为了刺激用户消费,例如首冲送礼、充值返现等。

③ 有些活动是为了提升用户在线,例如全局双倍、神秘大礼等。

④ 有些活动是为了实现资源配平,例如限时折扣、限时礼包等。

⑤ 有些活动是为了解决产品问题,例如 BUG 收集、优化建议等。

不同的活动都具有不同的目的性,而运营活动则是根据产品本身的需求,制定一套切实可行的优化方案,从而使产品更加完善。

3. 活动实现的机制流程

(1) 需求是活动的核心

只有产品需求才能决定活动实现的价值。只有玩家想要的东西才能勾起付费的欲望。要想准确地把握用户需求,需要了解游戏、了解市场、了解玩家。

当然,以上针对的都是付费玩家。对于免费玩家,只要求够活跃。

对于很不活跃的用户,这类既无法付费,又无法使其活跃的用户,可以放弃。

(2) 定价很关键

价格高了,玩家不买账;价格低了,无法体现付费玩家的优越感,所以价格一定要调好一个度,在高与低之间寻找一个平衡点。

定价很关键,也能难。大部分道具,由于无法估算其价格,只能去摸索玩家的心理价位,这个范围无法拿捏,只能不断分析、尝试。

① 道具作用与功能。如果 10 元能买一个一级宝石,那么二级宝石是否就要 20 元? 可以肯定的是,道具价格越高,附属价格随之变高,至于资源消耗如何,就需要结合道具作用与

消耗程度进行定价。

② 看稀有度。物以稀为贵，无论是在游戏还是生活中，这都是一条永恒的法则，无论道具本身价格如何，稀有了，价格便水涨船高。

③ 看附加价值。时装类和称号类道具便是一个很好的例子，一个既能加属性又能炫耀的道具，一般是广为大众喜爱的。

④ 如果活动是重复活动，则根据之前的数据进行参考，但是价位一般会随之降低。因为随着新鲜感的降低，玩家兴趣会受到影响，而策划要做的，则是加大活动的吸引力。

⑤ 如果想做以前没做过的活动，添加从未出现过的道具，那么可以从高价卖起。因为这时候不是卖产品的实用价值，而是卖的身价，身价上来了，活动与道具的地位都将变得重要。

⑥ 价格换算，活动产出道具，一般有两种方式获得：一种是用时间获得，一种是用金钱获得。如果用户不需要付费，多久能得到道具，结合活动周期，他一共可以得到几个道具；如果付费，彼此差距有多大，都是一个需要衡量的地方。因为玩家一般不会在乎时间成本，当时间价值大于付费价值，活动的目的也便本末倒置了。

（3）活动的展现形式

关于活动形式，不需要太过花哨，只需要大众化即可，在这一块需要注意的则是：

① 不要为了形式把活动的参与门槛提得太高。

② 不要强迫玩家做什么，玩家不喜欢被限制娱乐行为。

③ 不要让玩家想花钱却花不进去。

④ 不要将活动复杂化，造成玩家娱乐压迫。

⑤ 不要忽视活动本身的 BUG，这会对产品或玩家造成致命伤害。

4. 活动需要换位思考

活动面向用户，在做活动的同时需要站在用户角度看问题：

① 活动将在哪些平台展现？例如，论坛、微博、微信。

② 展现形式是什么？例如，抽奖轮盘、猜奖、踩楼。

③ 活动的内容是什么？例如，充值、登录送礼、限时礼包、节假日活动。

④ 活动的吸引力在哪？例如，简洁性、可操作性、数值属性。

④ 奖品的吸引力在哪？例如，土豪金、送车送房、送话费。

⑥ 活动的力度拿捏程度怎么样？例如，论坛媒体联合曝光、玩家/明星代言。

⑦ 活动的门槛怎么样？（是针对付费玩家，还是活跃玩家，还是所有玩家？）

⑧ 玩家参与活动的时间安排怎么样？（是否有那么多时间参与活动？活动进行时间是否在玩家的碎片时间中？）

以上是从用户角度看活动的几种思路，如何曝光活动内容？如何提升玩家参与兴趣？如何通过活动拉数据？这几点都是要根据自身产品内容以及活动目的进行深入分析，否则就会陷入做了活动，没人参与的窘迫局面。

5. 活动是把双刃剑，尺度很重要

游戏本身自成一个体系，用户＋产品则形成一个完整的生态圈如何优化资源分配，达到生态平衡？

① 注重资源产出与消耗，达到数值配平；在活动的同时，注重资源的合理利用，避免产能过剩，资源分配不均的情况出现。

② 注重活动资源与产品固有资源的竞争关系，避免资源重叠、相冲的情况出现。

③ 了解用户结构与消费体系，避免因活动影响用户心理和情绪。

④ 降低活动依赖性，活动可以做，但是要少做；如果活动做得多了，玩家只会越来越依赖活动，没有活动就没有动力玩下去。这样下去，游戏活动必须越来越多，游戏寿命也会越来越短。

以上几点都可以看到影响游戏生态的几个方面，如何优化用户关系，在提升数据的同时，较少地影响游戏寿命，这种得与失的关系，需要策划细细拿捏。

实战训练　　下表是一个较为常见的活动策划表格，请阅读案例，根据表格中的提示，将案例中的活动策划方案以表格的形式整理出来。

××活动策划方案

活动主题	此处需要提供活动主题和活动策划方案概述： 1. 活动主题：一句话介绍活动。 2. 方案概述：附上简单描述活动策划的思路。
活动类型	活动类型有且不仅限于以下各种： 1. 常规事件活动。 2. 热点新闻或事件的借势活动。 3. 日常普通活动。
活动目的	1. 从活动策划、运营方的角度，列出可直接衡量的定性、定量的清晰目标。 2. 从活动参与者的角度描述能够为用户带来的价值。
活动形式	需要考虑承载活动的形式是否可用、需要哪些额外的支持。
活动周期	起止日期。
活动规则	详细的活动文案、参与活动的玩法设计、奖品设置信息、补充说明等。
活动预期	根据活动目的中的目标设定活动预期结果。
活动投入	1. 财务投入。 2. 资源投入。 3. 人力投入。 4. 其他投入。
执行计划	人、资源、时间配置。

案例：新游上市的游戏活动策划

某网游是由国内某知名游戏公司研发并运营，游戏题材为武侠。在这款网游面世前，其单机版已经在玩家中赢得口碑，数个版本都大受欢迎。现在这款网游公测即将结束，而整个参加公测的玩家非常踊跃。现在需要进行大量的宣传活动，以让参加公测的玩家愿意为此款网游付费继续玩下去，为游戏的后续发展奠定良好基础。而本案例便是期间的活动之一。

活动名称：塑造你心中的"赏善罚恶"大使。

合作公司：某知名网络游戏网站、某网吧联盟、某游戏杂志。

合作分析：

一个活动的效应和其合作推广的宣传媒介有着密不可分的关系。某网络游戏门户网站在国内的同类宣传媒体中独占鳌头，其下属的网吧联盟是全国规模最大的网吧联盟机构，加上月销量4万的某游戏杂志，线上线下、网络平面，能够为游戏进行全方位、立体式的专业宣传推广，必将给游戏厂商带来意外的惊喜。

活动分析：

GM的工作态度在很大程度上代表官方的一些态度，GM的行为对玩家在游戏中的"生活"有着很大的影响。由玩家自己制定GM的工作条例的活动，样式新颖且能够让玩家觉得自己是游戏的主人，觉得官方很重视他们的感受，这些充满人情味的做法肯定会得到广大玩家的响应，从而扩大某网络游戏的知名度，带动人气。

常识介绍：

GM：英文全称 GameMaster，中文全称为"游戏管理员"。

GM是游戏厂商为了保证游戏品质，使玩家更大程度上享受游戏乐趣、得到更好的服务而聘请的在线游戏管理人员。

GM的主要工作是：了解游戏运行状况，解答用户问题；根据游戏规则维护游戏秩序；及时发现游戏的BUG，进行临时补救并及时向技术部门进行汇报；了解用户的需求，提交给相关部门进行改进。

活动说明：

腥风血雨的江湖，爱恨情仇的纷争，谁来主持公道？谁能力挽狂澜？

"侠客岛赏善罚恶大使"——游戏中的GM飘然而至。

揭开侠客岛神秘面纱，某网络游戏的GM工作条例由你制定！

说出你最中肯的意见，塑造你心中的"赏善罚恶"大使，让你的意见"飞来"吧。

活动流程：

1. 网站上公布活动新闻、活动页面和某网络游戏GM工作条例草案以及玩家意见提交系统。

    2. 在相关页面上展示玩家提交的修改意见,并转给官方。

    3. 由官方选出最中肯的玩家意见,并以此作为获奖的依据。

    4. 获奖玩家的意见将公布在 17173 首页及相关页面上,玩家将获得相应的奖励。

活动提交口径:

    我对游戏的第××条例不满!

我的意见:

    [个人资料]

    姓名:

    性别:

    身份证号码(请如实填写,以便奖品寄送):

    联系电话:

    联系地址:

    email:

    以前玩过哪些网游:

    从那里听说某网络游戏:

    说明:上标有 * 号的项目必填。

奖项设置:待定

活动时间:待定

活动宣传:首页广告位(已定)

文字宣传:

    1. 活动专题页面,链接注册系统的制作;

    2. 某游戏网站首页、专区、网吧联盟首页以及官方发布活动新闻;

    3. 网吧联盟首页图片宣传;

    4. 在网站首页公告区公布活动开始(什么形式,多长时间);

    5. 在网站首页活动情报区发布消息(什么形式,多长时间);

    6. 活动时期跟进活动动向发布新闻通告。

网吧联盟:

    1. 在网吧联盟公告榜上发布(多长时间,多少家网吧);

    2. 开通专用客服 QQ 和热线电话并公布;

    3. 在线活动帮助手册开通;

    4. 网吧联盟代理宣传(宣传范围)。

其他配合：

1. 论坛炒作；

2. 在某游戏杂志上进行某网络游戏活动宣传。

预算

1. 网站广告费（已定）；

2. 某游戏杂志（广告及新闻、文章配合）。

××活动策划方案

活动主题	
活动类型	
活动目的	
活动形式	
活动周期	
活动规则	
活动预期	
活动投入	
执行计划	

任务 4.4　电子竞技产品运营活动类型

任务目标

学习目标

（1）了解电子竞技产品运营活动的类型。

（2）能区分不同类型的运营活动。

（3）对不同类型活动的特点有一定了解。

游戏运营的核心数据目标是"用户量"和"收入"，同时这也是任何一家游戏公司的重要数据业务指标，公司里的各个部门设立的目标也是为了完成这些指标。对于运营部门来说，在可以达成指标的方法中，最重要也最常见的方式就是举办各类活动。

运营部门会参与几乎所有活动，有时处于主导地位，有时则是协作部门，但无论如何，活动都是运营部门的一切。运营部门的活动大致可以分为八个类型，所有活动都可以纳入其中，如表 2 - 4 - 2 所示。

1. 品牌类活动

品牌分为公司品牌和产品品牌，两者都很重要，获得影响力的方式就是靠各种各样的活动。

如果一个产品的品牌够硬，无论是面向商家还是面向玩家，品牌就是光环，能够带来各种好处，单纯就获取用户而言，即使不在渠道发力，品牌足够强势的话，也能带来自然的流量增长。

任何游戏产品都有着自己的用户定位，在每个细分领域（比如射击、驾驶、体育运动、卡牌、动作）都会有着一堆竞争者，大家的游戏品质差不多，用户选择了 A 就会放弃 B，在赢家通吃的前提下，自然是品牌越大越好。用户之间也会存在鄙视链，用户选择一款射击、竞速游戏的原因很简单，就是身边的人在玩，而且还会无视其他竞品。

就产品的市场营销包装而言，主要追求占领用户的心理认知，任何一个产品都有自己的核心、泛核心和潜在用户。品牌影响力越大，吸引这三类用户的可能性就越高进而降低用户的营销导入成本，这就是所有品牌的无形资产。如果无法成为大领域的头部品牌，切入某个细分领域成为头部品牌也是一种选择。

任何一种合作方式，运营都是协同的，往往都是市场、商务、品牌部门想一些活动点子，然后驱动整个公司去实现。

品牌类活动发力的同时，各个搜索引擎的"关键词"指数都会上升。作为厂商而言，光自己说自己好没用，得让行业、媒体、玩家对你赞不绝口。即使是没玩过你的游戏的人，也会感觉你比较有名气，这样目标就达到了。

2. 渠道类活动

渠道类活动从页游时代就开始了,游戏产品和渠道的合作模式有两种,一种是独家运营,另一种是联合运营。当然,在业内还是后者玩得多一些。

一个明星产品为了利益最大化,往往会上多家渠道。各大渠道在对待明星产品的时候,往往也会投入精力和资源去做一些运营工作,一方面是和其他渠道竞争优质用户,另一方面也是为了和厂商配合做好收入。

渠道举办独家活动的目标是为了做给用户看,秀实力,秀福利,秀一切可以秀的东西来吸引用户。用户只对游戏里的内容感兴趣,无所谓去哪个渠道,渠道之间为了争抢用户群纷纷祭出补贴(充值返利外加实物奖励)战术,同时向运营发行公司争取更好的游戏礼包来吸引用户,在双重的奖励加成前提下,配合一些宣传行为,自然会吸引那些摇摆不定的用户来到自己的渠道下载游戏参加活动。

渠道需要用户,用户需要优质礼包道具,运营需要(更多的)渠道广告位。为了吸引用户,各个渠道都希望有独家的礼包资源,游戏运营夹在各个渠道中间,通过虚拟奖励去争取更多的渠道推广资源。明星产品的运营跟各大渠道博弈广告位资源,各大渠道通过自己的活动跟其他渠道博弈用户归属。

3. 新进类活动

大公司的市场部门在品牌上发力的同时,也会通过各大媒体获取用户,做许多新进类的活动。

用户找游戏有多种方法,一种是从应用商店上下载,另一种是从各类媒体上获得游戏相关信息,完成下载转化。而媒体跟厂商市场部的结算方式有按展现付费(CPM,Cost Per Mille)、按点击付费(CPC,Cost Per Click)、按行动付费(CPA,Cost Per Action)、按销售付费(CPS,Cost Per Sale)等。

市场主要解决用户体验游戏的动机问题,所以此前渠道拿来吸引用户的那一套策略,也就是换了个地方而已。媒体之间一样存在竞争,需要独家奖励道具。

一个新进类的活动呈现给用户,从用户点击、下载到最终创建角色这个过程就像是一个漏斗,每个层级都存在流失。活动设计者就是想办法去优化这个漏斗,使其变得更平滑一些以提升转化率,这是所有活动的基本功。

营销部门的优势是知道什么热门,什么更容易吸引关注度,擅长将自己的产品卖点与市面上热门的东西建立关联,增加广告的曝光率和点击率,让漏斗的第一层开得尽可能大。营销部门的劣势是对游戏卖点、用户喜好不如运营熟悉,往往需要跟运营研发配合,提炼出产品卖点包装,进而设计出可验收、可执行的活动方案。

4. 平台类活动

如果你是做渠道运营的,经常会举办一些平台类的活动,跟新进类活动的区别是围绕自我用户,获得更多的用户价值。

比如获得用户的联系方式、邮箱和手机号,一方面帮助用户提升账号安全性,另一方面当用户不登录游戏时,只要能联系到用户就能做很多事。

比如获得用户的资料信息,为用户贴上标签,获得喜好。当用户厌倦了游戏 A,此时提供游戏 B,促使用户永远在自己的平台上游戏。

各个平台都有 VIP 等级,并且赋予各种平台特权,促使用户升级,以增加流失成本,使其尽可能多地留在本平台上游戏。

5. 回流类活动

游戏运营时间久了,总会产生大批量的用户流失,其中一些是曾经游戏过一段时间的,后来因为各种原因流失,其中很重要的一个原因就是不满意游戏版本,因此当游戏的重要版本更新后,尝试着把用户召回,只有在满足一定的条件情况下才可以做到,比如运营手里掌握了那些流失用户的手机号和邮箱。

粗糙一些的做法就是群发邮件、群发短信,介绍新版本的产品卖点,然后发送一个礼包,促使其完成回归行为,这种行为非常考验文案设计功底。

精细一些的做法是通过问卷、调研、访谈找出用户当初的流失动机,根据不同情况对症下药、诉诸利益、诉诸情感、诉诸社交……设计各种召回方案和内容,提供回归的动机。

6. 充值类活动

营收是运营的核心目标之一,用户把人民币换成游戏内的一级货币(如钻石、元宝、金币),公司就获得盈利,所有的游戏公司由运营背负收入指标,在这个业务层面,绝对是运营主导。

想做好营收,应该把用户划分为三种类型:免费用户(完全不充钱)、付费用户(根据情况付钱)、高付费用户(喜欢就买)。

针对免费用户,尽量使其完成破冰行为,因为付 1 元钱跟从来不付钱是两种截然不同的情况,一旦能够让用户付出 1 元钱,后面的事就好说了。因此破冰付费的性价比往往奇高,很多游戏的首充基本上都是 1 元钱买 100 元钱的东西,核心目标就在于提升付费率。付费用户则是价格敏感型的,他们会思考每个充值活动值不值。在设计充值活动的时候,其实是为付费用户设计的,他们对于价格敏感,性价比永远不会错。

高付费用户则是完全凭借喜好付费,最好的售卖方案不是定额,而是随机抽奖加竞争获取。

7. 消耗类活动

消耗类活动跟充值类活动是互相配合的,只有当用户有一定欲望的时候才会充钱。游戏本身就是一个冲动型非理性付费的娱乐方式。

平常通过各种活动把用户的存量榨干,充值时送的那些道具才更显得有吸引力。当大量的资源空缺的时候,付费用户群体则会寻找捷径——充值购买。

如果收入压力小,充值和消耗的行为根据周期轮番上阵。如果收入压力大,就和充值一起上(很多公司长期都处于收入压力大的状态)。

如果不想让用户吐槽游戏,就把重要的奖励设计在消耗端。举例,想获得某个稀缺道具,直接挂在商城里面卖 500 个元宝,和随便花费 1 000 个元宝后送给用户根本是两个感觉。充值是让用户交出人民币,消耗则是消耗掉存量道具,从感受上完全不一样。

为什么单独把消耗类活动摘出来,是因为营收是存在节奏感的。做营收最重要的一点是知道用户愿意为什么东西付费,而当一项资源充盈的时候,把奖励扔上货架让用户掏钱,用户的付费意愿自然不大。

在消耗层面,自然性价比递增,消耗得越多,得到的越多。用户的资源(各种货币、道具、数值)存量是有限的,用光了他们自然就会直接花钱买,这等于间接增加收入。

8. 活跃类活动

用户活跃有多个场景,一种是游戏内,一种是游戏外。游戏内则非常简单,与研发配合通过各种形式去刺激用户活跃起来。游戏行为非常多,全服发奖、全服周期 BUFF 刺激同时在线、BOSS 战、帮派战、冲级赛、节日收集和兑换、寻宝、比赛式活动等。

游戏外,大多数集中在论坛、贴吧、QQ 群,比如美女玩家评选、心情攻略征文音频视频征集、策划与用户聊游戏等。

游戏内的场景,所有活跃类活动设计的背后都有一个目标,比如一言不合就发奖励,就是刺激用户连续打卡;在某个时间段内增加某项核心资源的产出,就是刺激用户同时在线。特别是在一些需要建立虚拟房间的游戏里,同时在线人数越多,游戏体验越好。

游戏外的场景大多数发生在游戏相关的社区,所有的内容运营和用户运营是通过活动来驱动的,比如"策划玩家面对面",共同探讨游戏的版本内容,维系核心用户;找到各个游戏中的美女玩家和意见领袖等,刺激其生产优质内容,用于运营和营销。

游戏本身是娱乐内容产业,通过用户二次生产的内容越多,越能够提升游戏的生态和亚文化,就越能够形成品牌影响力,全面提升生态。自己说好没有用,只有用户说好才真正能够打动人心。

表 2 - 4 - 2　电竞产品运营活动类型

	活动核心目标	做好核心要点	常见活动案例
品牌类活动	占领用户心智,提升公司及产品影响力,降低营销成本	定位策略,曝光频率,记忆关联	刷投票、媒体榜单排名、商店星级和评论,各种异业合作
渠道类活动	渠道用户活跃和增长,渠道关系经营	合理满足各渠道方需求,争取更好的资源位置	渠道冲级赛,充值折扣,特殊专享礼包码
新进类活动	用户注册,下载,创建角色	优化漏斗	注册送礼包,冲级赛,实物道具
平台类活动	获得用户信息,增加流失成本,精细化运营	促使用户完善资料	绑定手机邮箱送奖励,问卷调查
回流类活动	老用户回归数量	解决用户回归动机	老用户回归游戏送礼包,返还货币
充值类活动	促使用户完成充值行为	破冰、性价比递减、付费率	充钱送钱/抽奖机会,保险、充值爬坡、限时限量打折促销、团购

续　表

	活动核心目标	做好核心要点	常见活动案例
消耗类活动	促使用户消耗存量(货币、道具)	奖励设计和规则设计,性价比递增	消耗送奖励,消耗爬坡,BUFF
活跃类活动	用户参与热度,话题感	奖励设计与活动规则	游戏行为活跃,话题、征集、评选

实战训练　　分析当前市场上火爆的游戏产品,收集它们在社交平台、渠道平台、游戏平台等举办的活动,按照上述的八种活动类型对它们进行分类,并分析它们为了成功做好活动采取了哪些关键措施,并且评判活动的成效。

○ 任务 4.5　如何做好活动设计

任务目标

(1) 了解优秀的运营活动具备的要素。

(2) 能从要素出发自主设计一个运营活动。

做运营活动不难,但是想要做好,需要了解与掌握的就非常的多了。对于刚刚接触运营的同学来说,在进行运营活动中需要对下列要素进行一定的了解:

1. 主题

用户参与活动一般可以分为三个步骤。

第一步:"有点意思,点开看看"——被"主题"吸引,了解活动;

第二步:"这个好,研究下规则"——被"奖励"吸引,研究下规则;

第三步:"有点意思,参与看看——"看懂"规则"并衡量后,决定是否参与。

曝光、了解、参与是个成正比的漏斗关系,如果没有第一步的"被'主题'吸引,了解活动",后面再好也没用。

虽然取标题很重要,但是这里说的不仅是标题,而是带有某个背景的主题。标题是文案层面的工作,而主题则是营销层面的工作,无论是做任何类型的活动,都期望获得最大的影响力,希望更多的用户能够知晓甚至参与。

设计主题要满足两个步骤,一是被用户发现,二是被用户传播。能满足被用户发现,已经是无比优秀了,如果能够同时满足这两个条件,一定是个绝妙的主题。设计主题可以从以下六个方面开始:

(1) 热门信息

热门信息天然具备传播力,人们关注的本质还是追求安全感,如果大家都知道,而你不知道,意味着自己社交会脱节。

如何获取热门信息? 除了朋友圈,还有百度、微信指数热词、微博热门榜等,这些是帮助你了解当下热门信息的重要工具,很多自媒体也是拼命蹭热点。

(2) 长期兴趣

美形、财富、美食是三个最为符合人性的点,它们长期在大众心理中占据着重要位置,很多商家都是拿这三个点去设计海报和文案的。在这个基础上,用户又可按照不同的维度细分为许多种:年轻人不太关注养生保健,而中老年则更为关注;男生关注体育赛事多一些,女孩子则关注娱乐多一些。了解用户群构成与喜好,就能够触达用户关注区。

一些能够帮助用户塑造自己正面形象的兴趣爱好则更适合在社交媒体上出现,比如健身、读书、学习。吸引是第一步,传播是第二步,想要把第二步落实,必须要帮助用户塑造正面形象。

如何获取自己用户群的长期兴趣? 一是看数据,数据有用但未必是全部真相;二是把自己变成典型用户;三是到典型用户群中去了解和访谈,获得更有价值的信息。

无论是做运营还是做营销,比的就是谁更了解自己目标用户群的喜好,从而在内容上进行有针对性的设计。

(3) 利益需求

兴趣和利益可以相同,也可以相异,人们经常为了做好事情,花费大量的精力去干并不感兴趣的事情。切身利益往往具备时效性,有些是长期的,有些是短期的。

如果能抓住用户不断变化的利益诉求,就能够进入用户的关注区。

在传播层面,取决于用户身份和价值诉求。

如果想要用户帮助你传播,就需要考虑你的内容是否能绑定用户利益。

用户的切身利益就摆在那里,了解自己的目标用户群构成及利益构成,什么样的最好,就选择用该种方式。

(4) 情感归属

每天有很多的内容生产出来,这些内容被关注的背后,必然是某个点能够击中某个用户群的心。一类是情绪输出,另一类是归属感。强烈的情绪表达自带关注度;归属感自带对应群体的关注度。只要击中了某群用户的点,就能够进入用户的关注区。

一旦感染了用户的情绪,传播简直是自然而然的事情。

(5) 社会比较

有人的地方就有比较,比颜值、比身材、比才艺、比智商……所有出类拔萃的必然能引起关注度。人群中的非常事物,从来都是自带流量的。

比较还会形成两个阵营,形成鄙视链,只要有比较就能升级成对抗,无论是主动站队还是看热闹,这些东西都能轻易地进入用户关注区。

从传播分享而言,人人都有表达自我、塑造社交形象的意愿,特别是出类拔萃者。

为了使用户显得"出类拔萃",自然要提供给他们比较的机会,比如很多小游戏都是看谁坚持得久,很多东西单独玩特别无聊,一旦加入了比较,就能够引起大量的传播。

追求一个比较的主题活动,最考验的是策划人的功底和资源,功底在于洞察,资源是启动这个事情要花费的成本。

2. 奖励

奖励的重要性凌驾于其他所有活动模块之上。判断重要性的原则就是,把各个影响活动效果的模块极致化,看哪个更重要。这种思维方式能够帮助找到什么是重点,做重要度排序可以决定主要精力放在哪里。

在春节前后,一票难求,很多游戏公司的市场部门就设计出"春节玩游戏包来往飞机票火车票"的活动来吸引用户下载体验,先不说规则如何,在那个时候,票就是热点,就是能够吸引用户了解规则,决定是否参与。

奖励热度是与活动参与热度强关联的东西。如果奖励设计不好(弱需求),用户对于你的活动奖励不感兴趣,就别指望用户会参与,并且后面任何事情都不会发生。你的规则再好用户也不会体验,你的宣传做得再好,也就只是一个曝光而已。相反,如果你的奖励足够吸引人,其他模块即使有很多缺点,用户也会跃跃欲试。

设计活动奖励的过程就是猜测用户需求的过程,可是想要满足用户的需求是多么难的一件事情,你知道你的用户要什么吗? 随便列举几个分析维度:分析用户群体(消费能力、年龄、区域、喜好等);分析活动场景(营收、活跃、拉新等);分析当下时机(节日、热点、情绪等)。

获悉用户需求,互联网行业里已经有一套非常成熟的方法和技巧,依次是用户访谈、数据分析、问卷调查、焦点小组……具体到游戏行业,具体到活动奖励设计,行为落实如下:

必须玩自己的游戏,在这个过程中不光自己有体会,还能顺带观察用户行为,世界频道、公会频道、论坛热帖以及各种群聊里能够传递很多有效细节,以玩家身份跟他们私下交流,做用户访谈,切记是以玩家身份,只有对方不知道你的身份,你才能听到更真实的意见,你想要的答案往往都藏在用户日常言论的字里行间。

数据分析从来都是辅助决策用的,所有的灵感、思路、分析方向,都要基于大方向去判断,如果不玩游戏,单纯地闷头分析,无异于缘木求鱼。

玩游戏浅和玩游戏深的两种人,能在一份数据得出两种不同的结论,如果观点相异,自然是大家的分析角度不一样。毕竟数据会说谎,调研的用户取样会有差异性,问题设计也会影响结论。

行业里还有一种方式就是焦点小组,这是一种会议形式的群体性访谈,是由一个主持人领导一个小组就某一主题进行讨论,从而获得小组成员的感受、看法、态度和意见。各位搜索一下,能够看到一系列的内容介绍,有比较多的准备条件要求我们使用的方式越多,维度越多,就越接近真相。当更多的真实情况摆在我们面前时,大家都知道该怎么办了。

3. 规则

当我们搞定了奖励,成功打动用户之后,下一步就是搞定规则,让交易更容易达成。好的规则设计,能够让双方交易效率变高,并最大化输出用户价值。规则设计应该遵循理解易、门槛低、路径短,追求参与深度的准则。

好玩的规则大多复杂,简单的规则通常无趣,简单和有趣在某种意义上是矛盾体,我们设计规则就要在中间做好博弈。设计活动规则之初,尽量复杂,然后不断权衡做减法,保证投放给用户的第一个版本规则并使他们易于理解。用户和运营之间的交易就像天平的两端,左边是用户能输出的价值,右边是运营能提供的奖励,中间就是交易规则。每个运营需要不断思考,用户能输出哪些价值,运营能提供哪些奖励。

"用户输出的价值"包含但不限于:搜索、注册、下载、付费、转发、收藏、关注、评论、集赞、活跃、PK、比赛、签到、投票、问卷、竞猜、完善资料、修改密码、帮运营打工(如管理社区、兼职客服)、输出文字、图片、视频…

"运营提供的奖励"包含但不限于:各种游戏货币、属性道具、外显道具、效率道具、精神奖励(排行榜、荣誉称号)、节日关怀、社交需求(线下玩家 Party,策划面对面)、服务体验(专属客服、绿色通道、业务加速)…

中间的就是交易规则,即"条件限制""验收方式""奖励算法""结算方式"。

"条件限制"很好理解,包括时间段限制、奖励范围和数量限制、参与频次限制、用户类型限制。"验收方式"是通过某种方式,确认用户输出了价值。"奖励算法"有多种,固定、随机、等比公式、性价比递增递减等。"结算方式"分为实时结算和延时结算。

当我们把活动规则以公告的形式呈现给用户之后,这个过程就变成了:运营开出活动条件(告知用户,完成怎样的行为,可获取怎样的奖励),用户衡量是否值得,从而选择是否进行交易以及交易总量(参与深度)的过程。

综上,本节内容的中心思想是,好的规则设计能够让双方交易效率变高,并最大化输出用户价值。

4. 风险

控制风险是活动设计者在策划阶段的主观意愿,活动事故是活动出现意外导致恶劣影响的客观描述。

意外之所以叫意外,就在于自己的能力和意识不到位,根本无法避免,只能长经验。下面介绍一些降低风险的方法:

(1)拿捏不准,多问专家意见

如果我们拿捏不准,首先请教专业人士,听取他们的意见。所谓专业人士,一定是对应的业务领域能说了算的人,比如数值策划可以解答数学概率相关的问题,每天跟用户接触的客服能提出体验上的建议。

（2）涉及领奖，严把测试环节

功能性的活动，一旦涉及领奖，一定要进行专业测试。

（3）数值监控预警

即使有测试排查，也避免不了奖励被刷，出了活动事故往往都是玩家反馈的，这对运营处理问题很麻烦，后知后觉意味着被动。

永远不要依赖人，机制才是最保险的，如果有条件，对一些可兑换的数值进行个别监控，当某数值明显超过某个阈值时，应通过短信报警，活动的过程中就可以把握全局，不至于让那些作弊者毁掉你的整个设计。如果不设计监控，等到客服通知你某某活动被刷，那个时候收拾残局的成本就大了。

（4）设计奖励上限

控制奖励上限，是规则上进行控制的手法。一种是个体参与上限，另一种是奖池。充值100元送材料，每个用户限5次，就是个体参与上限。这样可以保证有些道具的投放是可控的。奖池上限也好理解，同样是下载游戏升级领Q币的拉新活动，有多少预算，就全部扔到奖池里，这样能做到可控。

（5）监督用户舆论，及时亡羊补牢

活动上线后，多观察一会，观察用户的反应，在运营的过程中，亡羊补牢的代价有时候大得难以想象，别总追着成功经验看，倾听别人的教训有时候更重要，要有一颗未雨绸缪的心。

实战训练　　　以下是某游戏的内侧活动，请根据优秀运营活动应当具有的要素分析下列活动，指出活动中你认为较为优秀的部分并说明原因，并对你认为有缺陷的地方进行改进。

编号	活动名称	活动奖励	活动详解
01	注册有礼	游戏点卡：10元	活动期间凡注册哆可梦会员的玩家，即有机会获赠游戏点卡10元； 活动方式：抽奖获取；
02	激活有礼	游戏点卡：10元	活动期间凡激活《浩天奇缘》的玩家，即有机会获赠游戏点卡10元； 活动方式：抽奖获取；
03	登录有礼	游戏道具	活动期间凡登录游戏的玩家，即可获得游戏点卡或道具； 活动方式：全员发放；
04	上线有礼	游戏道具/经验	每个周末、凡登录游戏的玩家，即可获得游戏礼包或经验(NPC领取或程序发放)； 活动方式：上线获取；

续 表

编号	活动名称	活动奖励	活动详解
05	捉虫有礼	游戏点卡或手机卡、QQ币	内测期间凡提交游戏BUG的玩家,将视其BUG提交的时间、数量、质量给予不同的奖励,同时会在官网/游戏内公告; 活动方式:玩家主动参与;
06	道具秒杀/道具打折	游戏道具	每天或者每周的固定时间段,推出道具打折/秒杀活动,玩家可以游戏道具50%或其他价格购买商城中的道具; 活动方式:玩家主动参与;
07	新手引导员	游戏道具/点卡	在每组服务器邀请一定数量的玩家作为新手引导员,视其在游戏中对新手的引导程度,给予道具/点卡奖励; 活动方式:玩家主动参与,官网监督;
08	一拖三(玩家邀请)	游戏道具/点卡	给予每位玩家一个特定的邀请链接(CDKEY),玩家通过该链接发展下线,将会获赠相应奖励; 活动方式:官网引导、玩家参与;
09	消费活动	120%消费返点	玩家在内测期间的消费,公测期间将给予120%的消费返点(仅限充值方部分); 活动方式:官网引导、玩家参与;
10	新人冲级王	冠名权	内测期间冲级最快的玩家,可以享有公测期间1组服务器的冠名权; 活动方式:官网引导、玩家参与;
11	攻略征集	点卡/道具	内测期间面向玩家征集游戏攻略、视攻略质量及篇幅予以奖励; 活动方式:官方引导、玩家参与

○ 任务 4.6 好活动背后的经济学知识

任务目标

(1)了解玩家消费背后的经济学知识。

(2)能运用经济学知识解释各类运营活动。

1. 随机抽奖

各种各样的随机事件由于其不确定性而大受人们的欢迎,在经济学家的眼中,随机、抽奖、概率这些都是中性词,客观存在于这个世界中,我们应该理解它们。

很多游戏都有让人跟系统博弈、数学期望值注定为负的系统，但是在大众的印象里，每种玩法得到的待遇根本不一样，这一切源自娱乐性以及用户参与游戏的过程体验等一系列原因。

那么该如何做，才可以让更多的用户参与到游戏中的随机抽奖中去呢？

（1）让用户多跟数学期望值为负的系统博弈；

（2）提供用户可操控、可利用策略跟系统博弈的体验感受；

（3）要保护用户，甚至经常性地让他们占便宜；

（4）人和系统博弈的时候，让其他人也参与进来；

（5）如果有条件，建立亚文化；

（6）通过某种形式建立合法性以及竞争壁垒。

在游戏圈的诸多设计中，十连抽、大转盘、开箱子都是花钱马上得到结果的界面玩法，简单直接，但由于是某些道具的唯一产出途径，只能迫使用户花钱，这个过程体验真的不太友好。当然，为高消费用户准备的玩法就是如此，应当简单。

所有的界面玩法都是人与系统之间的博弈，十连抽是为高消费用户设计的，而我们引入上述规则可以增加一些额外的收入，高消费用户们依旧会继续付钱，同时顺带着也让一些普通用户付出一些钱。

就奖池设计而言，在十连抽里面塞入大量没有用的道具没有错，因为那是为高消费用户设计的，但是游戏里面的界面玩法有太多种，为了让某些抽奖行为显得值，应产生"锚点效应"建立口碑，营造游戏的亚文化。用户从游戏里拿走的不是真金白银而是虚拟道具，所以应当保护用户的随机抽奖的体验，让每一次的抽奖行为变得很值，这样用户才会参与。

2. 组合销售

组合销售，顾名思义是将各种各样的商品搭配出售，这种销售方式，往往搭配着打折促销形成组合拳。

（1）组合销售的逻辑精髓不在于打折

① 低价提供一种尝鲜型的体验或服务，从而引发二次消费；

② 通过某个主题组合，减少购买操作成本，降低决策过程。

（2）组合销售的主题框架是，用户眼中的"好货"加"破烂儿"组合成礼包出售

① 卖得非常好的爆品基本上不放进礼包中，即使放，折扣也超低；

② 部分用户平时买得多的商品都搭配到一起，折扣力度较小；

③ 属性养成中附带了一些性价比不那么高的冷门商品，折扣力度大；

④ 既然是 PVP 消耗品，折扣力度大，PVP 能带来游戏繁荣；

⑤ 消耗品中的冷门则基本上是以一种白送的姿态整合进礼包。

3. 周期订购

周期订购是一个甚为常见的套路。它具体体现为，促使用户购买未来一个周期的商

品或者服务。难点在于，与尝鲜型消费不同，既然是购买一个周期，用户需要确定该商品或服务能够给其带来多少价值。周期订购主要帮用户解决麻烦的问题，然后配合打折促销进行操作。

4. 差异定位

核心关键词：

（1）价格歧视

"价格歧视"是一个中性词，是一种非常重要的经济学现象。用通俗的话来说，就是把相同等级、质量的产品或服务，通过运营的方法，以不同的价格销售给不同的用户。

"定位"的原理来自杰克·特劳特先生，核心理论是在用户的心中建立一个品牌认知，占领心智。

先说价格歧视，想要理解这个逻辑，其实要点在于通过怎样的方式去区别用户。每个用户对于产品或者服务的心理预估是不一样的，他们甚至不知道怎样的价格才算是合理的。我们让购买能力强的人消费的同时，让购买能力弱的人也通过某种方式参与进来，进而追求利润最大化。

（2）定位

再来说第二个概念"定位"。在互联网时代，出门打车、共享单车、网络订餐、聚会游戏、在线教育……很多 APP 都穷尽十八般武艺，尝试抢占用户的心智，让用户形成条件反射。

一旦形成了用户身处某个场景什么时候就应该如何，这个细分领域就是你的天下了，这种品牌之间的竞争自然无比惨烈。

当然本任务讲述的是销售方案及策略，即已经建立了概念，那么究竟如何做呢？

第一种方式，商家通过制造不同的细节来尝试区分消费用户群。最典型的就是牙膏，差不多一样的物质，但是通过颜色不同、味道不同、包装不同、产量不同，自然就能够做到价格不同。第二种方式，通过控制商品的稀缺度来决定，商品和服务通通都算。游戏，天生都为不同消费能力的用户设计好了商品和服务。有些道具的设计是实用品，有些则是奢侈品。比如双倍经验道具卖 2 元，那三倍经验道具肯定不卖 3 元，而是 5 元甚至更高。同样属性的时装或装备，由于外显更华丽，加上限量，则能够卖出更高的价钱。

5. 竞价拍卖

稀缺商品意味着价值，意味着高价；竞拍人群意味着博弈，意味着竞争；拍卖形式意味着选择，意味着策略。

拍卖其实也是一种销售策略，这种销售策略有常多的演变。

（1）增价拍卖

最为常见的套路，商品底价多少，最低加价多少，由低到高完成加价行为，最后最高出价者获得拍品。此种方式的特点，最容易撩拨人的情绪，是一种公开的竞争和博弈，许多土豪都乐意在拍卖场证实自己的身份与实力，有时候商品价值不重要，"面子"很重要。

（2）速胜式拍卖

增价拍卖的变种，同样是不断加价，卖方委托给拍卖行一个刻度，当有人出价等于或超过这个刻度，则直接成交。此种方式的特点在于追求时间效率，并非一味追最高价。

（3）减价拍卖

拍卖人宣布拍卖标的的起叫价及降幅，并依次往下叫价，一有人应价，即可宣告成交。此种方式又称为荷兰式拍卖，历史上荷兰为"海盗之邦"，海盗劫财后，急于将手上的财物变现，常常用减价拍卖方式。属于一种为了处理大量库存的销售方式。

（4）增减结合拍卖

拍卖人先报底价，如果有人应价，则为增价拍卖，价高者得。若无人应价，则改为减价拍卖，不断往下降价，第一位应价者获得。

（5）标准增量式拍卖

此拍卖方式同样适合出售大量商品。卖方为拍卖标的设计一个需求量与成交价格的关系曲线（买多便宜，买少就贵）。买方标数量，卖方标价格，若买方同意则成交。

还有一个变种就是暗标数量竞价，大家集体标数量，拍卖者将投标情况从高至低分列开来，这些拍卖物依次卖给那些出价最高的买主，直到所有供应量出清。

（6）反向拍卖

常常用于政府采购、工程采购。这是买方比较少而卖方特别多时采取的一种竞争方式。买方提需求，卖方满足条件。其实跟招聘优秀人才差不多，区别是招聘方也为在一起竞争的招聘求职者。

（7）定向拍卖

一种卖方为特定的拍卖标而设计的拍卖方式，有意竞买者必须符合卖家所提出的相关条件，才可成为竞买人参与竞价。

（8）投标拍卖

拍卖人事先公布拍卖标的的具体情况和拍卖条件，买主在规定时间内将密封的标书递交拍卖人。此时有两种情况：一种是委托制，拍卖人根据此前买主的委托标准，综合加权最高者得；另一种是自主决策制，由买主根据条件选择卖方。

在宣布结果方面也可能是两种情况：在规定间内，公开结果，让大家知道买家花了多少成本获得；也可以只宣布结果，不公开成本。

此种拍卖方式更多的时候是照顾买方的心理，买方之间往往彼此相当熟悉，存在合作关系。采用"公开报价的竞价方式"以及"宣布成交"可能会造成各竞买人的心理负担，往往影响拍卖价格，使用此种暗标的拍卖方式可使各竞买人直接报出各自的最高价。

（9）第二价格密封拍卖

第二竞价拍卖也称为维克瑞拍卖，多个买家密封标注价格，商品出售给最高出价者，但是买家实际支付的价格是所有投标者中的第二高的出价。

这种方式最大的特点就是诚实,商品在每个人心中都有一个估值,每个投标者的最优战略就是依照自己对标的物的估价据实竞标,这显然是一种符合激励相容原则的交易方式。而且,由于拍卖品最终由支付意愿最高的投标者获得,也是一种能使买卖双方达到帕累托最优的配置机制。

由于现实中很多买家之间互相串通合谋,拍卖者与买方串通合谋,往往都会破坏公正性,运用这种拍卖方案的最好策略就是突然袭击,直接宣布竞争方案,不给他们串通的机会。所以如果有一天,我们有一个稀缺品要出售给一群竞争的买家,一定要做到突然,不给他们商量的机会,这才能够最大化地保证双方的利益。

(10)唯一最低价拍卖

其实这个最早用于赌博行业,之所以叫拍卖,是因为形式比较像。

比如一个限量版的打火机,或者1982年的农夫山泉,总之可能是比较珍贵的东西。然后由一堆参与者投出多个暗标,时间结束后,展示全部暗标。出价最低且唯一的人获得拍卖品。同时所有参与者投出的暗标费用都归赌场获得。

解释"一堆参与者重复出价":比如我可以出4个暗标,依次为1元、2元、3元、4元,不管此次成功与否,我投出的4个暗标(合计10元)全部归赌场。

解释"出价最低且唯一":假设1元钱是最低的单位,但有2个人出1元钱,那么就不满足唯一的条件。要知道,每个人在暗标的同时,根本不知道其他的出价多少。

以上列举的多种拍卖的手法以及变来变去的嵌套组合,核心的规则都是人在系统指定的规则下进行竞争,只要有商品、买卖双方的存在,作为运营者都可以通过各种手段获得收入。当然还可以发明出更多的拍卖玩法,知识本身就是不断更新迭代和完善的。

运营者可以自己生产商品成为卖方,也可以由玩家成为买卖双方,运营者从中抽取交易税,亦可由玩家成为卖方,自己成为买方等。

每种玩法都有其特点,都可以运用于自己的游戏之中,比如:

● 唯一最低价式拍卖,用于回收大量淤积货币;

● 标准增量式拍卖,放上一堆道具,由用户自由抢购数量;

● 速胜式拍卖,每间隔×分钟放一件道具,用户直接报价,优先匹配者赢。

所有的玩法规则,都需要为其补充附加条件,达成收入目标的同时提供一些体验让我们的用户们念念不忘。

6. 微量

微量销售的核心逻辑并非薄利多销,也并非折扣。虽然两者有相似之处,但是逻辑是不一样的。微量的核心在于,尝试把自己的商品切分成足够小的份额,让更多的用户参与购买。只要是人,就拥有购买能力,区别是穷人购买能力弱,富人购买能力强。根据二八法则,80%的收入由20%的用户贡献,看起来做富人的生意显得性价比好一些。但当某个市场已经被耕耘透了,已经最大化了,为了增加收入,不妨尝试去做一些小额的生意。微量核心逻辑是:观察游戏中那些大宗的商品或者服务,是否拥有切分的可能性,使其价格门槛变低,继而让更多的用户完成购买行为。

7. 绩效结算

绩效定价非常容易理解,即好用再付钱,非常好用则可以尝试收更多的钱。卖家想卖高价,消费者想付低价,天然就是一种矛盾,而采取绩效定价的销售模式,这种冲突就会得到极大的缓解,创造一种新的合作局面。使用这种销售方式必须满足一些条件,否则就比较难成交。

(1) 交易关注点是某特定目标

想要定义绩效,要确定特定目标。研发的绩效指标是留存率,运营的指标是用户价值输出,市场的指标是导入总量和平均导入成本。然后分别进行奖励结算。

(2) 确认结果可验证,可证实为卖方价值

工作中有太多不可验证的事情,比如游戏的留存率提升了,策划说自己的新手环节改得好,美术说游戏的颜值提升了更吸引用户,开发说自己的代码优化了服务器更加稳定,运营说自己的攻略写得好用户知道怎么玩,运维说服务器进行了优化不那么卡了……

所以留存率这个指标,就只适合作为项目负责人的绩效,而不适合定为某个部门的绩效。部门的绩效指标应该是更加细分、更加具体的指标,指标细分到其他部门无法互相影响最合理。

(3) 结果如果失败,不至于影响卖方市场

绩效的逻辑在于奖励,而不是保证绝对成功,如果成功就按照规则进行奖励,如果失败就没有任何奖励。保证绝对成功的叫对赌,叫军令状,即失败接受惩罚,而并非绩效。

想一想,在游戏中,哪些是应该被设计作为绩效的方式进行销售给用户的。紧扣主题:成功了就付钱,失败就返还。

游戏内经常有对战的情况产生。那么用户在进入战场之前,可以选择支付费用购买多个增益效果(Buff),一旦赢了,获胜者奖励,而失败者则获得一定 Buff 的费用返还,因为 Buff 没有起到效果。

很多游戏在进场之前也设计了鼓舞(花钱购买 Buff),但是往往有些用户根本不用鼓舞,因为他不知道对手随机匹配的实力,不认为是一种保险的省钱的策略。

而有效付费、失败返还的策略,则能够降低用户的压力,因为胜利了不说了,反正败了退钱。当然涉及具体的规则,还有更多的条款和细节要补充。

8. 5 种提升游戏活跃的经济学知识

(1) 意愿付费

意愿付费的逻辑在于:凭心情看着给,双方你情我愿。意愿付费的方案背后的几大特征:

① 产品边际成本比较低,一般附带文化属性;

② 付费后能够刺激卖家提供更好的内容或服务；

③ 买方尊重卖方的付出，双方彼此认同；

④ 激烈竞争的市场环境的销售选择。

（2）众筹

众筹是近些年来比较流行的一种玩法，翻译自国外 Crowd Funding 一词，即大众筹资，是一种"预消费"模式。个人在平台上展示想法和创意，利用互联网进行传播，进而争取到大家的关注和支持，获得启动资金。商业成功即兑现此前承诺的价值，失败则大众承担结果。

（3）投资理财

现代意义上的投资理财包括：

① 保值——指保证资产的原来价值不变，主要是规避通货膨胀的风险；

② 增值——在原来资产的基础上增加资产的总量；

③ 保障——是指防范生命和财产在未来可能面临的各种不测风险。

在游戏设计中，"成长保障基金"的规则大家应该熟悉：用户花钱订购一个周期性的保险，随着用户的等级提升，依次返还货币，这种属于纯销售导向的投资理财行为。

更多的投资理财类玩法在游戏中并不常见，因为是由于我们的运营方式和游戏设计本身决定的。

（4）典当置换

典当发散到游戏里，好像没有什么作用，但是我们可以从这种交易形式里获得几种新的设计思路，比如以物易物收取交易税。

现如今，很多手机游戏不开放用户之间的交易，是因为不想被盗号的盯上，但加上一些限制和保护的话，也可以进行。比如交易只能在公会内进行（入会 24 小时内不允许兑换），每间隔 4 个小时只能完成一件兑换征集，使盗号者无法快速变现即可。

一旦开放用户之间的置换行为，就自然能促进活跃度，各种关系链就自然而然地建立起来。这跟我们当初吃小浣熊干脆面，集《水浒传》的 108 将卡一样，在达到自己想要的目标之前，能够保证足够长的时间。

对用户而言，每件道具的获取成本是一样的。如果设计用户与系统进行兑换，自然跟当铺的原理机制一样，不会按照原价来进行，比如 5∶1 兑换指定碎片，或者 10∶1 兑换万能碎片等。

这两种置换形式可以单独存在也可以同时开放，用户之间的置换可以收交易税，用户跟系统之间的活动形式可以有效回收资源。

当然，忍不住的土豪用户依旧会选择花钱从系统那里快速十连抽得到一切。所以置换的设计是为了普通用户而汇聚的。

（5）共享经济

真正的共享经济是分享者让渡自己的资源使用权给别人，然后获得回报的一种商业模式,例如爱彼迎。

我们提炼关键词,过剩资源、租用,在游戏中寻找相似的设计,最典型的就是助战了。当一个关卡我打不过的时候,借用好友的战力来通过,这种设计很早就有,但是没有深入挖掘。

从增加游戏活跃度的角度来看,不妨改一下设计尝试增加游戏的活跃性。

① 闲置资源:用户们养成的一堆卡牌、装备、坐骑宠物、时装⋯⋯长期放在仓库里的闲置不用的战斗力资源;

② 质押功能:在现实世界里用押金、用法律来保障租用方不赖账,在虚拟世界使用系统规则即可;

③ 价值流动:让用户之间更多地参与互动,就是价值。

我们就可以完全仿照现实世界的方式,用闲置资源去交换价值。一旦租出,就短暂失去。如果把这个功能放置在公会内,闲置资源就当是土豪给会员的福利,如果把这些东西放置到自由市场上,就变成了与其他用户之间的互动。这个举动不是主要营收点,其价值更有利于用户之间的互动,如果要设计营收点,任何地方都可以。

实战训练   选取你玩过的游戏中的一项活动,运用本任务学习的知识分析此活动是如何让消费者进行消费的,如果是你来进行活动策划,还可以运用经济学知识进行哪些活动设计?

项目 5
未来电竞发展趋势探究

知识目标

（1）对新兴的电竞消费行为有一定了解。

（2）把握未来的电竞发展趋势。

课前案例

图 2-5-1 所示的电影《头号玩家》用绚丽的特效和充满想象的剧本，向大家展示了未来的游戏世界可能会是什么模样。VR、AR、体感设备、数字世界……电影中的这些事物并不是凭空想象，在现实世界中，有些东西已经成为现实。

VR（Virtual Reality），中文名虚拟现实。所谓虚拟现实，顾名思义，就是虚拟和现实相互结合。从理论上来讲，虚拟现实技术（VR）是一种可以创建和体验虚拟世界的计算机仿真系统，它利用计算机生成一种模拟环境，使用户沉浸到该环境中。虚拟现实技术就是利用现实生活中的数据，通过计算机技术产生的电子信号，将其与各种输出设备结合使其转化为能够让人们感受到的现象，这些现象可以是现实中真真切切的物体，也可以是我们肉眼所看不到的物质，通过三维模型表现出来。因为这些现象不是我们直接所能看到的，而是通过计算机技术模拟出来的现实中的世界，故称为虚拟现实。

图 2-5-1 《头号玩家》

在 2020 年初，就有一款划时代的 VR 游戏——《半衰期：爱莉克斯》（*Half-Life：Alyx*），向所有人展示了 VR 游戏的未来。除了拥有充实的故事背景与人物设定，《半衰期：爱莉克斯》更拥有至今最高水准的 VR 游戏设计。有不少评测者指出，这款游戏的环境物理之真实、互动要素之丰富、关卡布置之精巧、流程演出之饱满,均在 VR 门类里达到了前所未有的高度。IGN、PC Gamer、Gamespot 等数十家外媒给该作打出高分,而 Steam 评论区也充满了玩家的溢美之词,有人把这款游戏视作"VR 界唯一的 3A",有人称其为"来自未来的游戏",有人认为它"开创了新时代",甚至有人饱受 VR 眩晕折磨,也要坚持打通这款"好玩到吐"的游戏。

图 2-5-2 《半衰期:爱莉克斯》

但这款"只要玩过都说好"的 VR 杰作,距大多数国内普通玩家好像有些远。《半衰期:爱莉克斯》离我们有多远?尽管《半衰期:爱莉克斯》被国外媒体视作划时代的爆款,但它在国内却没那么火爆。一款好评如潮、汉化完备、价格适中(163 元)的 3A 大作,却没有在国内的游戏市场掀起风浪,这事发生在当今国际游戏市场中,简直稀奇。有大批国内玩家因故被拦在了游戏之外,这是为什么?假设我就是个想玩《半衰期》、但没入门 VR 的普通玩家,摆在我面前的第一个阻碍,就是如何翻越 VR 设备的高价格门槛。若想完整体验《半衰期:爱莉克斯》,享受捏扁易拉罐、五指弹钢琴的"真实",最佳选择无疑是用 Valve 自家的 VR 套装 Index。然而这套定价 999 美元的旗舰级 VR 设备在全球范围内缺货,国内也没有官方购买渠道。若通过其他方式购入,得总共花 7 000～10 000 元。好在《半衰期:爱莉克斯》不搞设备独占,可以退而求其次,牺牲一些画质,放弃一些交互,选用便宜些的 VR 设备,如 Rift S,但这也得 3 500 元起跳。VR 硬件门槛、国内 VR 市场形态、游戏本身的技术特性,三者加在一起让《半衰期:爱莉克斯》变得触不可及。

但是这就意味着 VR 游戏没有前途、没有未来吗?任何新事物的诞生和发展都不是一帆风顺的,VR 刚诞生时,用户群体少,无法摊平研发成本,导致价格高昂;硬件发展水平限制,导致设备使用不便……这些都是在可预见的未来能够解决的问题。也许在不远的将来,VR、AR 等新技术就会像现在的手机一样,成为人手一件的普通产品。而到了那个时候,新设备、新技术、新玩法,又会彻底改变原来的消费行为。

任务 5.1 虚拟现实

"虚拟现实",简称 VR 技术。最早由美国的乔·拉尼尔在 20 世纪 80 年代初提出。虚拟现实技术(VI)是集计算机技术、传感器技术、人类心理学及生理学于一体的综合技术,其是通过利用计算机仿真系统模拟外界环境,主要模拟对象有环境、技能、传感设备和感知等,为用户提供多信息、三维动态、交互式的仿真体验。

虚拟现实主要有 3 个特点:沉浸感(Immersive)、交互性(Interactive)、想象性(Imagination)。沉浸感是指计算机仿真系统模拟的外界环境十分逼真,用户完全投入三维虚拟环境中,对模拟环境难分真假,虚拟环境里面的一切看起来像真的,听起来像真的,甚至闻起来等都像真的,与现实世界感觉一模一样令人沉浸其中。交互性是指用户可对虚拟世界物体进行操作并得到反馈,如用户可在虚拟世界中用手去抓某物体,眼睛可以感知到物体的形状,手可以感知到物体的重量,物体也能随手的操控而移动。想象性是指虚拟世界极大地拓宽了人在现实世界的想象力,不仅可想象现实世界真实存在的情景也可以构想客观世界不存在或不可发生的情形。根据用户沉浸程度和参与方式的不同,虚拟现实可分为 4 类:非沉浸式虚拟现实、沉浸式虚拟现实、分布虚拟现实系统及增强虚拟现实系统。

虚拟现实游戏,英文名"Virtual reality game",只要打开电脑,戴上虚拟现实头盔,就可以让你进入一个可交互的虚拟现实场景中,不仅可以虚拟当前场景,也可以虚拟过去和未来(见图 2-5-3)。了解了虚拟现实,那虚拟现实游戏的概念并不难理解,戴上虚拟现实头盔,你看到的就是游戏的世界,不管你怎么转动视线,你都位于游戏里。

很多人认为既然 VR 游戏是用现有游戏引擎做出的 3D 游戏,那和我们在手机电脑里玩的游戏也没有太大差别,但其实二者的设计逻辑是截然不同的。VR 游戏与普通电子游戏间的差异是巨大的,打个比方,如果让你在电脑里玩"丢手绢",你会觉得好玩吗? VR 游戏与传统游戏的差异,主要体现在 5 个方面:

图 2-5-3 虚拟现实游戏

（1）UI：无屏幕作为媒介

在传统游戏里，玩家与游戏世界之间隔着屏幕这个媒介。屏幕上的 UI 会帮助玩家更好地进行游戏，比如血条、比如任务列表。

（2）叙事：无法干涉镜头

在 VR 游戏中，玩家可以自由选择观察的方向，开发者无法干涉镜头。因此，VR 游戏无法通过画面剪辑来叙事。并且，即便是平铺直叙的故事，玩家也不一定恰好能看到。在开发者对摄像机失去掌控的情况下，如何将玩家的视线引导至正在发生剧情的地方？又如何保持剧情的感染力？这些都是值得深思的。

（3）交互：百花齐放

VR 游戏需要玩家戴上不透光的 HMD 设备，因此现行输入设备里，键盘、鼠标、触摸屏都只能被迫退休了，只有游戏手柄一息尚存。更能展现 VR 游戏高沉浸感的独特魅力的体感设备显然更受欢迎。眼球追踪、动作捕捉、声音控制乃至读取大脑神经信号……VR 游戏的交互方式百花齐放。运动手柄是现在最流行的 VR 游戏输入设备。

（4）沉浸感：带来道德风险

沉浸感（Immersion）指用户将身心融入虚拟世界的感受。VR 里玩家直接通过自己的眼睛打量虚拟世界，甚至像在现实中一样转动眼球转换视角，不用通过屏幕和控制器的媒介，因此 VR 是高沉浸感的，这也是 VR 技术的核心魅力和永恒追求。高沉浸感也使得 VR 与某些游戏类型、题材天然契合。比如 FPS 等游戏。高沉浸感会放大玩家的情绪，也可能让玩家在虚拟与现实之间产生混淆。因此在游戏尺度的把控上，也引发了许多道德争议。简单来说，就是 VR 游戏面临许多挑战：游戏设计有待探索、技术难题有待解决、伦理问题有待讨论。

VR 游戏或许只是未来游戏发展的方向之一，但是它与当下主流游戏截然不同的技术特点注定会带来不一样的玩家行为，也会带来不同的消费行为，而这一切都有待时间给出答案。

实战训练

VR 在游戏中的运用还会带给消费者怎样的改变与体验？除了 VR，还有哪些新技术正在改变游戏的形态？

任务 5.2　未来电竞发展趋势

一　移动平台强势崛起

随着手游时代的来临，受欢迎的游戏类型以及玩家喜好，都发生了巨大变化。虽然大部分游戏玩家每天都会使用不同平台进行游戏，但移动平台无疑已占主导地位，尤其是在发展中国家。而在发达国家,由于电脑及主机的普及度高,这一比例相对较低,但移动平台同样占有举足轻重的地位。以美国为例,美国的主机游戏玩家有 49% 也会每天玩手机游戏。玩家之所以青睐移动平台,游戏类型日趋丰富多彩是重要原因之一。近年来,社交抽奖游戏、策略游戏及轻度角色扮演游戏纷纷在移动平台上崛起。手游如今依然偏休闲化,但各种游戏模式的发展一日千里,在中国大行其道的玩家对战手游便是最佳例子(见图 2-5-4)。可想而知,未来的手游世界将更为精彩,令人期待。

图 2-5-4 对战手机游戏

二 发展中国家大放异彩

近年来,手游在游戏市场中占据的份额越来越大,已经超越 PC,成为大势所趋。在未来数年,手游仍将保持高速增长。到 2019 年,全球游戏玩家将达 25 亿,其中手游玩家将占多数,而发展中国家则成为带动游戏增长的主力。游戏市场 70% 的增长都将来自中国、其他亚太地区国家、拉美、中东及非洲等地区,不容小觑。

2020 年,米哈游开发的手机游戏《原神》大放异彩,被 IGN 年度最佳游戏奖提名。《原神》发布仅仅十天,全球收入就已经突破了 9 000 万美元,这其中,中国贡献了 40% 的收入,超越了日本的 27%、美国的 13%。巨大的人口基数和逐步增长的消费能力,都在向世界宣告,发展中国家将会成为游戏消费增长的新动力。

三 市场营销成为关键

在未来几年,手游数量将呈爆炸式增长,将大大提高玩家发掘新游戏的难度。而在大环境推动下,各行各业都将开始深耕移动端。移动端强大的营收能力,势必会吸引更多广告预算和营销资金的注入,让竞争更为激烈,同时也给手游营销带来巨大挑战。想要在这场移动浪潮中立于不败之地,提升游戏品质固然重要,但你的营销策略也必须精益求精,双管齐下,配合打造高参与度的游戏社区,方可保持游戏的竞争力。

四 游戏时长缩减

现代人的生活是快节奏的,在破碎的空余时间中,能够长时间专注于游戏的可能性越来越低。那些复古的游戏,例如《荒野大镖客》《底特律:变人》等等,动辄需要数十小时的游戏时间,相比于这种类型的游戏,现代人越来越偏爱另一类游戏,就是将游戏作为一个成熟的系统去体验,而不是一次现行的体验。例如 Roguelike、FPS、MOBA 类游戏,它们都有丰富的要素和可扩展的玩法,这些结合在一起,带来的就是丰富的可重玩性。

在未来,游戏的发展会更偏向易上手、难精通的系统性和高重复性的游戏(MOBA、FPS)以及凝练丰满,富有创意的沉浸式体验游戏。

五 社交游戏依旧主流,电竞文化深入人心

多人游戏是市场上最受欢迎、也将会继续受欢迎的游戏,因为多人游戏带来的社交可以成为人与人之间链接的手段。王者荣耀、和平精英、英雄联盟、自走棋,都已经成为国民级的游戏。人们借助游戏相互联系、相互熟悉,形成一个巨大的游戏共同体。

在此之上,电竞毫无疑问会进一步成为游戏共同体关注的对象。随着电竞全球化的进程逐步推进,越来越多的赛事会将电竞用户们联系在一起。也许未来有一天,我们甚至可以在奥林匹克的赛场上见到电竞项目。这样的现实能否发生还未尝可知,但是我们相信,游戏有这样的力量。

实战训练　　思考未来电竞与游戏的形态,阅读下文材料,思考游戏分级制度会对电竞行业的发展产生哪些影响,什么样的分级制度会更有利于电竞产业发展?

《游戏分级制度探究》

游戏分级制度是随着游戏行业的发展产生的事物,是一种用于判别视频游戏内容对各年龄段人士的适合度的分级系统,游戏分级制度提供了关于游戏或应用程序中的内容的信息,以便家长和消费者能够明智地选择哪些游戏适合他们的家庭(ESRB 官网)。

在游戏分级制度的发源地美国,游戏分级制度最初并不存在,在游戏发展的初期,受限于硬件功能,游戏画面非常简单,例如早期的吃豆人、三维弹球等,随着软硬件技术的逐渐进步,游戏画面表现力越来越强,游戏内容也越来越复杂,游戏厂商为了吸引更多的消费者购买自己的产品,在游戏中引入了许多猎奇方面的内容。一开始,由于游戏画面以粗糙的像素点显示,这些元素并没有引起太大的关注,然而,随着街机时代到来,游戏画面表现力进一步

增强,游戏内的不和谐因素开始引起社会的关注。在这个阶段,以《真人快打》《午夜陷阱》《致命杀手》这三款游戏为代表的游戏充斥着大量不和谐的游戏内容。例如,《真人快打》可以选择各种方式杀死对手,而且虐杀场面没有马赛克,极度血腥暴力;《午夜陷阱》则要求玩家组织游戏中一群性感的女性被外星人抓走;《致命杀手》则在游戏的包装内附赠了一把仿真枪。这三个游戏也对应当时美国社会面临的三个重要问题:流行文化中的暴力血腥、女权运动、枪支泛滥。在1993年,美国一个9岁的男生希望家人为他购买一份《真人快打》,男生的父亲在网络上搜索了游戏的相关新闻后发现,这款游戏的血腥暴力元素并不适合儿童游玩,但在当时的美国,人们可以通过任何渠道购买《真人快打》,并没有任何限制。这位父亲将这件事告知了他的上司,美国国会议员 Joe Liberman,于是在1993年圣诞节前夕,Joe Liberman 在美国国会召开了一场关于游戏中暴力成人因素的会议,民主党与共和党在这次会议中一致认为,游戏中出现的暴力成人元素会误导美国青少年,政府应当管控游戏。会议的结果是,游戏厂商需要在一年内自愿组成一个组织,对所有游戏进行自我审核,并进行游戏分级,否则政府将在一年之后接管审核部门,进行强制管控,于是在几个月后,美国几乎所有的游戏厂商成立了 ESRB。在这之后,美国几乎所有的零售商店也参与到了游戏分级中,例如沃尔玛就不再销售没有经过 ESRB 分级的游戏。

通过查阅大量文献可以发现,目前世界范围内典型的游戏分级体系有美国娱乐软件分级委员会(ESRB)、泛欧洲游戏信息组织(PEGI)、日本计算机娱乐分级组织(CERO)。它们都属于行业自律性质,既代表游戏行业的利益,又致力于公共利益,因此得到了行业与政府的认可。这些分级机构的目标都是保护未成年人的权利,承担相应的社会责任,目前来看,它们的确产生了积极的社会引导功效。最后,这些游戏分级体系并不是以游戏分级为唯一的使命,同时还对游戏行业的广告营销、市场推广、游戏分销等所有环节进行监督和管理。由于国外的游戏分级制度建立较早,经历不断的完善已经趋于成熟,因此国外的研究目的主要是进一步改善当地的游戏分级制度,更好地为社会服务。国外的研究可以分为两部分,游戏分级制度的积极影响与消极影响,积极影响包括更健康的主流游戏市场、引导教育游戏消费者、帮助父母共同保护未成年人等;消极影响则有限制了儿童自主选择游戏的权利、对网络游戏的分级监管不力等。此外,21世纪以来,关于游戏风险的研究逐渐式微,原因是研究者逐渐意识到,研究游戏风险使得游戏成为许多社会问题的替罪羊。

我国与游戏有关的研究起步较晚,通过中国知网检索"游戏分级",自2003年来仅有97篇文献。由于早年的游戏机禁令,我国并没有在家用游戏主机领域进一步发展,而是直接进入到网络游戏领域。关于网络游戏的研究主要从"病、财、法、文"四个方向展开,网络游戏有其负面影响,同时也是一个巨大且有潜力的产业,并逐渐形成了自己的文化范式。针对网络游戏存在的负面影响,由于国内尚未建立起游戏分级制度,许多学者已经就我国的游戏分级制度提出了建议。已有学者呼吁国内应该尽快建立游戏分级制度,有利于国内游戏行业发展,解决现存的社会问题。许多学者建议效仿 ESRB、PEGI 建立以年龄段为标准的分级制度,完善现有的防沉迷机制。同时,要制定量化的标准,使其具有引导意义。也有学者通过研究,提出了他们认为适合国内市场的游戏分级制度。总的来说,目前针对游戏分级的研究,主要目的是设计一个适合中国市场的游戏分级制度。

在游戏分级制度的推行过程中,目前的焦点在于如何设计一个优秀的、符合国情的分级制度,从而达到促进游戏产业健康发展、保护未成年人身心健康、引导社会大众正确接纳游戏的目的。我国曾经推行过不同的游戏分级制度,但最终都没有形成足够的影响力。随着游戏产业的高速发展,国内对于游戏分级制度的呼声越来越高,游戏分级制度的缺位,限制了国内游戏制作者的开发,阻碍了国内游戏消费者体验喜爱的游戏产品,缺少了对未成年人的保护,因此,游戏分级制度一次次被媒体、政府提出,各种草案也频频出现。

然而,不能忽视的一点是,游戏分级制度并不是达到以上目的的必需前提。从外国成熟的游戏分级制度发展来看,游戏分级制度是一个国家或地区游戏产业发展成熟的标志。欧美等各国的游戏产业最初是以家用游戏机与游戏的实体销售开始发展的,人们需要去实体店购买实体游戏。未成年人的监护人在购买游戏时发现了游戏存在暴力、色情内容,因而通过法律手段推动了游戏分级制度的建立,随后在实体游戏发行的基础上,逐步过渡到网络游戏发行。由于早年美国的游戏以实体销售为主,分级制度实施以后,未经分级的游戏无法销售,在这种强制的分级下,社会大众也形成了对分级制度权威性的认可,在良性发展的循环下,整个社会都接受并认可游戏分级制度。与之相比,由于21世纪初的游戏机禁令以及过去主流文化对游戏的污名化,我国游戏产业的发展道路较为曲折,并没有建立起实体的游戏发行渠道,当前我国市场上以网络游戏为主,已经不需要实体销售的模式,任何人都可以通过网络获取游戏,类似美国最初推行分级制度时的强制手段已经失去了效果,此外,由于美国的游戏产业良性正常发展,有正规的销售渠道、监督机制、法律法规,这些都是中国目前还不具备或是仍有欠缺的。

因此,游戏分级制度应当作为一个长期的目标,而当前的着眼点应该放在实施游戏分级制度的基础上。通过完善国内的社会基础、健全游戏相关的法律法规、引导社会大众正面认知游戏、强化游戏厂商的社会责任,游戏分级制度才能获得在中国生长的土壤。

○ 任务 5.3 未来电竞消费发展趋势

2019年,游戏市场发生了剧变,从年初的版号逐渐开放,再到对青少年的限制……红利见顶、需求过剩、游戏出海等话题,成了讨论的焦点。随着国内游戏市场日趋饱和,从蓝海市场逐渐转为红海市场,国内电竞消费的趋势也开始发生了变化。本任务总结了未来电竞消费趋势发展的三个方向:

一 内容为王,为高质量游戏买单

目前国内的游戏,主要是从手游、端游、页游几个方面来讨论的。产业链上下游是研发方、运营方和渠道方，过去十年，中国的游戏市场发展十分迅速，整个链条都很丰富，其中以腾讯、网易、完美世界、三七互娱等几个头部厂商实力最强。

在国内游戏市场发展的早期，即 2000 年前后，由于网络、设备、消费力、游戏习惯等种种原因，当欧美玩家正在体验家用主机上的 3A 大作时，国内玩家能够玩到的游戏主要以页游、网游为主。传奇、奇迹等游戏在市场上流行，大量的玩家沉浸在这种类型的游戏之中。随着环境的改善，越来越多的优秀游戏得以进入中国市场，例如魔兽世界、永恒之塔、地下城与勇士，这些游戏无疑在游戏内容上有了巨大的提升，例如魔兽世界构建了一个庞大的世界观供玩家体验、地下城与勇士设计了一连串的游戏剧情以及富有表现力的画风。

随着国内游戏玩家接触到的游戏数量越来越多，国内电竞消费者对游戏的判断力也越来越强。以往那种老旧的游戏模式或是普通的游戏剧情，已经很难吸引现在的玩家入坑。此外，当游戏载体从主机、电脑更多地转移向移动端时，硬件性能的下降就对游戏内容提出了更高的要求，参看近年来的头部游戏和爆款游戏，无一不是在内容上下了很大功夫的。例如《王者荣耀》频繁推出游戏内的同人故事、CG，《明日方舟》精美的立绘和庞大的背景故事。在近期，《明日方舟》还推出了与《彩虹六号》联动的活动，不断吸引着各类型玩家进入自己的游戏中。

可以预见，在今后的电竞消费中，玩家们会越来越青睐内容过硬的游戏，曾经广泛存在于市场上的抄袭、换皮类游戏的生存空间会被进一步挤压。

二　技术更迭，用户体验为上

过去的 5—10 年，因为有流量红利存在，国内游戏公司大多没有在游戏品质的极致追求上花太多精力，研发投入不够，所以在 2018 年之后迅速遇冷。现在，玩家的个性化需求越来越强烈，对游戏的品质要求也越来越高，本质上就是产品升级。但是归根结底还是一个创新与技术的问题，技术在游戏研发过程当中起到很大的推动作用，中国的游戏产业发展很大一部分是来自技术。

以吃鸡类游戏为例，弹道系统是游戏最大的特色，五百米、一千米、两千米，不同距离下的弹道变化、伤害衰减，构成了战场真实感的基石。水波纹的效果，不同环境下光的散射，看似小小的体验效果，其实都有很大的技术含量。技术上的微创新，可以带给用户一个不一样的体验，从过去的一些小游戏看，比如球球大作战、蛇蛇大作战等，都是从小技术层面突破，然后安装上一个简单的概念，就能成功让用户有种耳目一新的感觉。

每一个技术子集都是有归类和门槛的，一个游戏公司掌握了某一个特长能力，它在某一个领域就做得很好，这些技术就是一个公司的核心竞争力。

短期来看，行业底层技术与研发能效的提升，是各个游戏厂商的核心竞争力，而中期来看，2020 年是 5G 的普及之年，5G 与云游戏能给这个行业带来更多的赋能，再到 AR/VR 世代设备平台的普及，将是游戏真正的未来。云游戏时代，让内容不再受终端设备束缚，游戏成为即时可得的服务,直播从收看内容可能就演进到参与内容。

这对于电竞消费者来说,是一个巨大的变革,现在手机上没有办法实现的美术品质、玩法创新,在云端就可以完美做到。那时候不需要多么高端的设备,即便500块钱的手机用户,也可以玩到全球的高品质游戏。头部公司高品质会更多覆盖到下沉市场。

不仅如此,在云技术的支撑之下,游戏的发行方式被颠覆,发行渠道将得到进一步的拓宽,开始变得多样化,营销重心转向曝光度的提升,明星效应开始弱化。因为质量的提升,在接下来的营销中,发行商所争夺的目标不再是当红艺人的形象及其可能带来的"明星效应",而是具有海量用户群体的游戏直播平台、社交平台及热门网页,头部游戏主播及公众号。所以,随着分发渠道多元化,应用商店将相对弱化。

伴随着5G网络和云平台技术发展成熟,游戏分发渠道的门槛将变低,优秀的作品能够更容易地传播和触及用户,围绕优质游戏内容的竞争将更加激烈,将使得上游内容供应商受益。在这个背景下,电竞消费者将会真正追求优质的游戏内容,因为云游戏可以让他们随时随地切换不同类型的游戏,从主机、PC到手游,无所不包,消费者的付费意愿将会更加强烈。试想一下,如果你可以在手机上畅玩主机大作,比如只狼、黑暗之魂、血源诅咒时,你是否愿意为这样的服务付费呢?对大多数游戏玩家来说,答案是肯定的。

三　IP矩阵,用游戏讲好故事

IP这个词语大多数人都不会陌生,IP矩阵,则是现在非常火热的概念。在影视圈,漫威凭借着漫威宇宙的IP大放异彩,不但建立了优秀的口碑,而且获得了不菲的收入。在电竞行业中,也开始有企业布局IP矩阵。这其中最典型的例子当属《王者荣耀》,虽然它还不能算是一个真正意义上的IP,但是腾讯很明显在向着这个方向打造它。

成功品牌是有一些文化能量的商业符号,比如王者荣耀;

超级IP是拥有超级能量的文化符号,比如米老鼠、星球大战、哈利波特等。

成功品牌会有一定程度的文化能量,所以能进行各种联名,比如,王者荣耀在春节和中秋节与稻香村的联名合作,用游戏中英雄技能元素和台词,塑造出新潮的节日气质。

还有和中国非物质文化遗产保护协会合作的"荣耀中国节"系列,结合游戏特性,打造"端午专属回城徽章——粽情泛舟""中秋塔后月饼造型血包"等线上线下的联动活动。还有长隆游乐园、冰雪大世界、Mac彩妆柜台等,都能看到王者荣耀的联名行动。

而在游戏中,玩家们可以使用和敦煌研究院携手推出杨玉环"遇见飞天"皮肤,以及裴擒虎与李小龙的武术皮肤等等,体验不同时代中华文化精髓。

可以看出,王者荣耀的运营团队已经不仅局限于游戏内,而是将触角伸向了各个品类的产品,IP矩阵最终的目标,打造一个无所不包的世界,让电竞消费者在接触任何产品时,都可以与游戏内容产生连接。打造一个这样的IP矩阵,难度可想而知,然而,这也是延续游戏生命、促进玩家消费最好的方法。

实战训练

结合本任务所学内容,分析王者荣耀的 IP 矩阵策略,评估当前王者荣耀正在进行的 IP 联动活动,绘制出一张 IP 矩阵图。同时,根据你的设想,为王者荣耀未来的 IP 化道路写一份计划书。阅读扩展阅读,了解一款优秀的游戏《蔚蓝》:这样的独立游戏在未来也许会大放异彩,成为电竞不可不谈的话题之一。

扩展阅读

《蔚蓝》:因为山就在那里

1924 年 6 月 8 日,在第二次冲顶珠峰时壮烈牺牲的英国著名登山家乔治·马洛里,马洛里在回答记者"为何想要攀登珠穆朗玛峰"提问时,回答道:"因为山就在那里!"千百年来,无数登山者前赴后继,冒着生命危险征服了一座座险峻的山峰,不为别的,只是希望在一次次的失败中与尝试中,找到战胜自己的方法。

作为一款硬核向、像素风的平台跳跃游戏,我们在《蔚蓝》中体验到的,就是如同征服山巅般通过游戏内的关卡,在不计其数的失败中尝试,直到攀登上最终的顶峰。

　　游戏发生在一座名叫塞莱斯特山的地方,女主人公 Madeline 刚刚失恋,而且有些抑郁,心灰意冷的她选择来攀登塞莱斯特山。在她攀登的过程中,她内心的不安、焦躁、恐惧都在塞莱斯特山神奇的力量下具象化了。我们要做的,就是和她一起迎接大山和她内心带来的各种困难。

　　作为一款平台跳跃游戏,《蔚蓝》的玩法非常的"简单",就是在不伤害角色的情况下,从起点跳到终点。而衡量这类游戏好坏的方法也很简单:那就是看制作者能在"蹦"这个环节下多少工夫。

　　从这点上来说,《蔚蓝》绝对对得起 TGA 年度最佳独立游戏的身份。游戏的操作很简单,移动、跳跃、冲刺。这三个要素被完美地融入了《蔚蓝》中。角色不再局限于左右横跳,而是可以向任何方向跳,这样的设计为更加丰富的关卡设计建立了基础。由于冲刺距离是固定的,角色又具有惯性,冲刺的落点并不好掌握,游戏的难度也无形中增大了。

　　为了解决冲刺＋跳跃使得落点不容易掌握的问题,游戏内增加了攀爬系统,角色可以在墙壁上攀爬,可以让玩家在高强度快节奏的跳跃中调整节奏。不过,攀爬是需要耗费体力的,当体力值耗尽而你没有找到下一个落脚点时,你就只能落得个粉身碎骨的下场。

　　《蔚蓝》在关卡设计上也颇具匠心。雪山上凛冽的寒风不仅让你手脚冰凉,还会影响角色的行动速度。有时候需要顶风前行,有时候则是乘风而上。一些平台会在你使用冲刺的时候移动位置,有些平台则需要你"操作"它们移动。这些元素加在一起,为《蔚蓝》的游戏体验加分不少。在每一章还有许多岔路可以让你收集草莓、磁带(用以解锁 B 面)、蓝心,喜欢全收集的朋友可以试着不看攻略,自己把它们全部集齐。

　　《蔚蓝》的角色嘟嘟囔囔的配音一开始显得很蠢,但是他们的语调会随着表情不断变化,每个角色的感情都很丰富,拉近了与玩家的距离。Madeline 一路上遇到的角色都很滑稽可爱,这些可爱的角色让游戏的气氛变得十分轻快,但它的故事主题却是非常现实严肃的。

乍一看它是一款非常难的平台游戏，但是实际上，只是一个关于焦虑、抑郁的游戏。人们在不知不觉中就会变得焦虑和抑郁，游戏中的 Madeline 甚至不知道不开心的原因，只是想逃离这个让她痛苦的世界，所以才选择来到塞莱斯特山。这个游戏借着爬山的形式，让笔者暂时摆脱了网络、社交和工作，忘记所有曾犯过的错，本质上就是希望玩家通过做一件比现实更加疯狂的事，来借此摆脱生活中的烦恼。《蔚蓝》巧妙地把故事和游戏本身融合在一起，创造了一种身历其境的神奇感受。

当然，Madeline 的故事并不是全在讲逃离，游戏的后半程，剧情峰回路转，Madeline 和她具象化的内心的焦虑与恐惧相互理解、相互帮助，共同登上了山顶。整个故事告诉玩家要直面内心的恐惧，了解这些情绪的源头，而这是唯一能阻止它们侵蚀你的方法。这些信念的传递方式并不直接，而是通过玩家与 Madeline 共同度过的充满魔法与冒险的游戏世界来传达。

"这座山可以让你了解真实的自己。"山脚下的老奶奶对准备登山的 Madeline 这样说。当笔者体验过游戏之后，笔者想说：勇敢地去尝试吧，只有尝试了，你才会知道，路在哪里，草莓在哪里，风景在哪里，你在哪里。

项目 6
了解"电竞+"

（3）了解"电竞+"的概念。

（4）把握当下"电竞+"的发展与未来。

几年前，互联网行业提出了一个"互联网+"的概念，强调的是依托互联网信息技术实现互联网与传统产业的联合，是一种以互联网思维去改变整个社会传统行业的理念，其最大的特征就在于互联网这一媒介工具与传统行业的跨界融合。互联网+交通诞生了共享单车、打车软件，互联网+餐饮诞生了外卖 app，互联网+教育诞生了在线教育，互联网+零售诞生了移动支付……多种互联网+产物极大地改变了我们的生活。以"互联网+"为模板，电竞行业的"电竞+"生态也应运而生。尽管电竞行业没有互联网那样的高可塑性、高开发性及生产力工具属性，但作为新时代最受年轻人瞩目的文化娱乐活动之一，"电竞+"仍然给我们留下了巨大的想象空间。

任务 6.1　电竞＋城市

随着电竞赛事的场域从线上转移到线下，观众不再满足于隔着屏幕观看比赛，那么被明显具有周期性的注意力经济拉动的潜在的商业价值就非常值得挖掘了。这种潜在价值主要有"软件"与"硬件"两方面，"软件"主要指电子竞技对发展城市文化的推动作用，这一点以西安为代表；"硬件"主要指电子竞技赛事所推动的线下观赛消费，这一点在全国各地都在开花。

西安，作为古代丝绸之路的起点、十多个朝代的都城，其内含的文化底蕴在全国范围都是首屈一指的。LPL 俱乐部 WE 的主场就选择在西安，2018 年 5 月 25 日，西安市政府为WE 战队举办了高规格的入城仪式，有百架无人机编队表演灯光秀，在夜空中排出了 WE 的LOGO 图案。西安市政府在电竞城市化上提供了相当多的政策与宣传帮助，将电竞游戏产业园作为曲江新区的发展方向。西安本土的历史文化在电竞赛事中也曾经多次露脸，电竞赛事作为新兴文化产业也成为带动城市历史文化的传播者（见图 2-6-1）。

文化部 2016 年所发布的《关于推动文化娱乐行业转型升级的意见》中指出：支持打造区域性、全国性乃至国际性游戏游艺竞技赛事，带动行业发展；各重点城市（区）应当分别发展3—5 家歌舞娱乐转型升级示范场所和游戏游艺转型升级示范场所，可享受文化产业优惠政策和政府扶持资金。

在这样的利好条件下，西安建立了曲江电子竞技产业园，各大电子竞技俱乐部纷纷入驻主场城市，阿里体育宣布推出"E立方"计划推动建设 2022 年杭州亚运会电竞场馆，腾讯电竞

图 2 - 6 - 1 西安电子竞技产业园

提出了"电竞运动城市发展计划",超竞集团将在上海闵行区南虹桥打造面积超 50 万平方米的"上海国际新文创电竞中心"……

当电竞赛事走向实体的时候,电竞＋城市的新业态就已经铺开了。在未来,会有越来越多的城市参与其中。在电竞玩家眼中,电竞只是鼠标与键盘的操作与对抗,但是,从商业角度来看,电竞,就是现代城市中的新的存在,也将会成为电竞产业未来发展的新着力点。

实战训练 阅读案例,分析电竞＋为成都这座城市带来了哪些不同之处?这种模式对电竞自身的发展又有什么帮助?在电竞＋城市的发展模式中,城市和电竞产业在哪些环节产生了联系,这种联系又对电竞＋城市有怎样的影响?

对于成都来说,电竞与大熊猫、三国文化等成都特有的天府文化元素相结合,将产生更多深受喜欢的文创 IP,实现电竞产业的多元化发展。

将赛事相关元素融入进当地特色文化当中,发挥地利、天时、人和,这对于电竞而言确实是一种非常有效的推广形式,非常容易在当地产生强烈的归属感,深化电竞进一步的延伸。

旅游城市逐渐成为举办电竞赛事的首选之地,青岛、珠海、大连、海口等地都曾举办各种高规格的电竞大赛。这些知名的海滨旅游城市本身就是一个宣传点,而电竞赛事的举办对城市而言自然是一件"锦上添花"的好事。

除了借赛事宣传城市本土的传统文化之外,电竞赛事能够更好地给这些城市注入年轻躁动的血液,让这座城市有了属于当下年轻人最熟悉的烙印。

2009 年 11 月 11 日至 15 日,堪称"电竞奥运会"的 WCG2009 世界总决赛在中国成都拉开帷幕,超过 70 个国家和地区的 600 多名竞技高手相聚成都,为电子竞技历程书写新的篇章!赛事的成功举办,不仅为成都带来了直接的经济效益,还极大地提升了城市美誉度,带动旅游业的发展。

如今成都正全力打造"三城三都",电竞除了与旅游结合,还将与会展、音乐、美食等进行融合,举办电竞周、电竞展、电音节、电竞嘉年华等活动,吸引更多电竞爱好者来到成都。

电竞产业链涉及面广、溢出效应明显,是典型的绿色低碳产业。随着电子竞技产业链条和规模不断扩大,已成为发展新经济培育新动能的重要推动力,抢抓电竞产业发展机遇,加快推进"电竞+"产业健康发展非常必要。

成都将以营造电竞文化氛围为核心,集结线下实景、动漫发行、周边产品零售等多种业态,融合竞赛表演、教育培训等电竞相关元素,开发成电竞、文创、休闲、旅游消费新场景,打造高品质、重体验、文化氛围浓厚、彰显成都生活美学的地标性电竞街区。

除此以外,电竞+培训、电竞+电商、电竞+健身房等也在不断推出。电竞是推动泛娱乐产业升级的加速器,是一个可以无限+,也可以+无限的产业链。

90 后乃至 95 后、00 后逐渐成为市场的消费主力群体之一。这一年轻群体,也恰恰是受电子竞技影响最深,对电竞文化接纳度最高的群体,电竞正连接着流量与消费场景的入口。因此,推进"电竞+"产业发展,将为这些产业带来全新的发展机遇。

任务 6.2　电竞+文创

电子竞技本身就具备了鲜明的娱乐性,电竞的主要受众群体和娱乐产业的受众群体高度重合,从而衍生了多个"电竞+"的文娱体育产业。

例如,电竞+小说:2018 年 12 月 1 日,阅文集团白金作家"骷髅精灵"撰写的《英雄联盟》首部官方授权电子竞技小说《英雄联盟:我的时代》开放连载,作为官方的主打内容推广至全网平台。

电竞+时尚:2016 年 2 月欧洲 Fnatic 战队选手 Febiven 为时尚杂志 VOGUE 拍摄了一组写真,这是电子竞技选手第一次登上国际时尚杂志。

电竞+漫画:2018 年腾讯动五部漫画。漫与超竞壹动漫联手推出了《未来重启》《野区老祖》《贩卖大师》《星源之门》和《天梯战地》五部漫画(见图 2-6-2 至图 2-6-4),其中《野区老祖》在两个月内收获了 1.2 亿人气值和 13 万的收藏量。

电竞+音乐:《英雄联盟》的开发商拳头游戏公司一直是一家非常注重音乐与游戏内容相结合的游戏公司,2018 年总决赛主题曲 RISE 发布后一天内微博转发量近 3 万(见图 2-6-5),

图 2-6-2　《英雄联盟:我的时代》

图 2-6-3　电竞选手登上国际时尚杂志

图 2-6-4　《野区老祖》

图 2-6-5　*RISE*

B站播放量达49.6万。

电影＋影视:《亲爱的,热爱的》借网络安全之名做竞赛(见图2-6-6),但核心仍然是电竞;《全职高手》也以电竞为切入点,吸引了大量的观众。

图2-6-6 《亲爱的,热爱的》

阅读以下材料,同时自己搜集资料,了解网络综艺《集结吧王者》,分析这档综艺的目标人群、节目效果,搜集网络反馈,反思这个节目是否达到了预期的目标,如果达到了,原因是什么? 如果没有达到,问题出在哪里?

《王者荣耀》有多火? 火到可以独立出一款综艺节目!

KPL王者荣耀首档明星赛《集结吧! 王者!》正在热播中,该节目不仅成功打通明星综艺与电子竞技的壁垒,更将明星与游戏巧妙地融合在一起,紧张刺激,严肃活泼——以真实玩家的视角,还原了《王者荣耀》独特的游戏魅力。自播出之日起,就吸引了大量网友的关注。

《集结吧! 王者》由田亮、胡夏、吴昕、李诞四名明星队长领衔,他们与16名明星队员组成4支明星战队,最终突围的两组明星队伍,将在KPL王者荣耀冠军杯总决赛的舞台一决高下。节目一改传统游戏竞技赛事紧张严肃的节目风格,以轻松幽默直面比赛压力,同时融入多种游戏竞技方式,成败不再作为衡量比赛的唯一标准——明星间欢乐的游戏气氛,成为节目的最大看点。

明星们的鼎力加盟,也使得《集结吧! 王者》的综艺性得到了最佳的保障。除了精彩的游戏对战之外,《集结吧! 王者》也兼顾着新鲜的综艺看点。四位明星导师分别带有不同的角色定位,这使得他们带领的团队风格迥异。游戏大神胡夏的加盟增加了对战比赛的紧张感、活宝李诞的逗趣点评也使节目妙趣横生;颜控吴昕让选人过程看点十足、田亮和叶一茜

的夫妻组合在节目中的"分分合合"更是悬念迭起,引人关注。

此外,由 16 名明星队员组成的明星战队也颇为吸引眼球。这些明星队员中,既有池子、王建国等喜剧新星,也有吕炸炸、书亚信、张雨剑等影视新人,更有美女桂晶晶、董思怡的鼎力加盟。喜剧新秀蒋易更是在节目中大胆释放自己的喜剧天赋,与众明星互动精彩,让观众眼前一亮,成为节目中不可或缺的亮点之一。混搭组合碰撞出新鲜火花,使节目在紧张的竞技氛围中,平添了更多轻松逗趣的娱乐气氛。

众明星携手"王者明星家族"空降峡谷,这不只是一档游戏综艺,更是一档需要智慧、勇气和配合才能取得最后胜利的团队比拼。

○ 任务 6.3 电竞 + 酒店

据大众点评数据显示,在 2018 年底,上海仅有 12 家电竞酒店,且多数分布在外环区:松江区、闵行区、宝山区、青浦区等(见图 2-6-7)。这是因为在寸土寸金的上海,没有 800 万的启动资金,根本无法想象如何在内环内启动一家具备竞争力的电竞酒店。加上彼时的高配

图 2-6-7　电竞酒店

置、优服务的电竞馆和网咖遍布内环，中高端特色酒店更是琳琅满目，电竞酒店的 1.0 版本，并未给足投资人信心。

时至 2020 年，上海突然涌现出几十家电竞酒店（美团数据），其中一部分是传统经济型酒店改造电竞酒店的品牌，还有一部分则是新兴的电竞酒店品牌。除了金山青浦这样的城郊，长宁区、普陀区、静安区这样的市中心也出现了电竞酒店的身影，从 10 家到 100 家，从外环到内环，魔都花了两年。

许多电竞酒店的前身是连锁酒店。老旧的房型设计外加电脑设备，房价也恰如其分地低廉，人均五十到一百五，就能在平日入住。这些酒店当然不能称之为优秀的电竞酒店范本，但对于身处中高端酒店林立、特色民宿度假村众多的上海，生存，是最紧要的。

另一面，在电竞市场消费力强劲的上海，也出现了中高端电竞酒店的身影。宽敞舒适的房间与人均三百的房价相得益彰。平日也能获得满房的喜悦，使得电竞酒店在上海的未来也变得明朗。

实战训练　发挥你的想象力，思考电竞＋还可以为哪些产业赋能？把你能够想到的电竞＋模式列举出来，描述它们的使用场景和盈利方式，或者分析一个现有的电竞＋模式业态。

○　任务 6.4　电竞＋社交

根据游戏数据分析公司 Newzoo 2020 年的数据显示在排名前 20 的最火热电脑游戏中，有 14 个属于 MMO（大型多人在线游戏）类，剩下的 6 个是单机游戏但也可与其他线上玩家一起玩，同时在排名前 10 的移动端游戏中，6 个属于 MMO 类。

在疫情突如其来的 2020 年，MMO 类游戏的火爆是可以预见的。牛津大学的一项研究表明玩电子游戏其实有助于我们的身心健康（当然是适度的情况下！）在我们迫切渴望跟其他人产生联系的时刻，MMO 虚拟世界所提供的以竞争、合作、沟通等形式所产生的人际关系也能满足这份社交需求。

实际上，当下的游戏越来越注重社交的需求，发布于 2017 年的 *Fortnite*（《堡垒之夜》）如今已拥有 3.5 亿玩家，这一大逃杀式的游戏设计带有点"饥饿游戏"的残酷性，但在玩的过程中却充满了互动元素，比如游戏内置的语音功能鼓励玩家在等待游戏开始的时间里进行聊天，又或是玩家在一起完成如建堡垒等任务的时候也会闲聊，这就让 *Fortnite* 成为第三空间（third place），一个超越了现实环境但又能产生全新人际关系的空间。

Fortnite 最大的价值在于，它给了玩家一个做真实的自己的机会。网络社交平台上的用户会不断审视自己和其他人的发言、行为，或是讨论某些特定话题，如果暴露了自己内心真实的想法甚至可能招致他人的言语围攻。*Fortnite* 式的社交类游戏，将他人的眼光直接屏

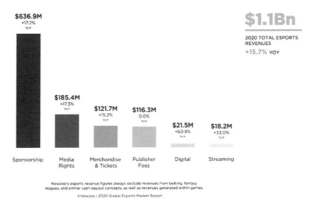

图 2-6-8　游戏排名

蔽,只保留"玩"和"聊"这两个最原始的体验,回到了社交最起始的属性。

虚拟游戏中的社交屏蔽了个人的身份,玩家可以享受在游戏中创造和享受内容的过程,这一过程产生的游戏文化能够让玩家获得比社交平台更好的社交体验。这一类让用户可以在游戏过程中体验社交的游戏,往往都没有设定严苛的游戏条件,对玩家水平也没有过高的要求,但是却都能带来愉快的游戏过程,这类游戏强调的不是竞争和对抗属性,而是合作、创造与分享。

游戏到底能否承担起社交的重任还未可知。一方面,游戏社群内的玩家关系更为紧密,更容易创造出属于他们的游戏文化,这种文化反过来又会成为他们之间的羁绊,一旦这种羁绊深入骨髓,即便日后不再接触游戏,也会关注游戏社群内的大小事件。不过另一方面,玩家们创造出的文化仍旧不太能够在游戏内传播,依旧需要依靠类似 Discord、Twitch、斗鱼 APP 这种本身仍然是社交软件的工具。

如果有一天游戏可以承担起社交的重任,就能达到电影《头号玩家》中的理想状态,人们在游戏世界拥有另一个身份、享有独立的货币,换句话说,游戏世界要独立于现实世界存在,要达成这个目标还需要很长的时间,但是游戏与社交的碰撞,已经在这个时代迸发出了非常灿烂的火花。

实战训练　　阅读以下材料,讨论游戏＋社交未来可能会产生什么形态,这样的游戏能不能长久地运营下去?

Among Us 在 2020 年突然火了起来,这款由 Innersloth 开发出来的游戏已经有 2 年故

事了,但在疫情的环境下它自带的轻松＋烧脑＋社交属性让许多游戏主播注意到它并迅速带火。

　　游戏背景设定在一个宇宙飞船,4—10 个玩家要共同/分别完成小游戏实现终极目标,但有趣的地方是玩家中有人是叛徒,玩家在玩游戏的时候还要进行像"天黑请闭眼"这种推理,通关的快乐是短暂的,但是玩家推理聊天过程中产出的笑料却是持久的。

　　Among Us 在 Steam 和 Switch 只要 5 美元就能玩,在移动端可以免费玩,游戏开发者在今年透露将在游戏中添加像是交换制度和积分榜等更能鼓励社交行为的功能。

　　在美国年轻人中备受欢迎的民主党众议院 AOC 就在去年大选前夕在 Twitch 上直播和一些热门播主一起玩 *Among Us*,试图用这一方式吸引年轻人的注意,呼吁他们去参与大选投票,直播吸引了超过 43 万人观看,成为了 Twitch 史上观看数前五的直播。

　　除了游戏本身就具有多人和互动等社交属性,现如今的用户还可以在游戏内进行各种活动,人们不再将游戏内的社交视为消磨时间和分散注意力的东西,而是成为在这个疏离时代维持社会功能的重要工具。